Ma camarade Louise

Le Roman d'une épave,

tome 1

William Clark Russell

Writat

Cette édition parue en 2024

ISBN : 9789361462740

Publié par
Writat
email : info@writat.com

Contenu

CHAPITRE I
CANAL DESCENDANT

NOUS avions quitté Gravesend à quatre heures du matin, et maintenant, à huit heures et demie du soir, nous étions au large de South Foreland, le navire sur une bouline tendue faisant route vers le bas de la Manche.

C'était une nuit de septembre, avec une pointe d'hiver dans les rafales et les souffles qui balayaient comme des bourrasques les creux aérés et sombres de la toile. Il y avait une pleine lune, petite comme un boulet de canon argenté, avec une teinte verdâtre tropicale dans son scintillement glacé, et le scud venait la balayer en lambeaux, en boucles et en plumes de vapeur , naviguant dans l'obscurité d'où la terre de France était, et blanchissant dans une teinte délicate et vaporeuse alors qu'il s'envolait et s'enfuyait à travers la splendeur argentée centrale . Le poids de toute la chaîne de Channel reposait sur la vague qui jaillissait de la proue lourde de l'Indiaman dans des masses d'eau blanche alors qu'il prenait d'assaut et s'écrasait son chemin, les bords de ses cours gémissant à chaque roulis au vent, comme bien que le point d'écoute de chaque voile fût la main d'un géant cherchant à déraciner le boulon de fer massif qui confinait le coin des toiles gémissantes au pont.

L'imposant avant-pays apparaissait en un tas pâle et venteux sur la hanche tribord. La terre courait dans une sorte de faiblesse insaisissable le long de notre faisceau, avec les lumières de Douvres suspendues dans l'ombre pâle comme une galaxie de lucioles : au-delà d'elles, une sorte d'éclat nébuleux tremblant, marquant Folkestone ; et là-haut, dans le crépuscule clair du quartier, vous voyiez la lumière de l'avant-pays comme une étoile sauvage et jaune regardant la mer à l'écart du vol du scud en forme d'aile.

Le navire était le *Comtesse Ida* , un Indien bien connu de son époque – il y a maintenant si longtemps que j'ai l'impression d'avoir deux siècles pour pouvoir raconter que j'étais un jeune homme chaleureux à cette époque. Elle était destinée à Bombay. La plupart des passagers étaient montés à bord à Gravesend, moi parmi eux ; et nous voilà maintenant en train de nous frayer un chemin dans les eaux de plus en plus larges de la Manche, très reconnaissants – ceux d'entre nous qui n'avaient pas le mal de mer, je veux dire – que le vent ait changé alors que le flanc sud des Goodwin Sands était encore calme. de front, pour nous permettre de garder nos ancres à la tête du cathead et nous épargner une période de détention épuisante dans les Downs.

Le navire paraissait noble au clair de lune ; elle montrait une voile principale et galante au vent frais, et la toile s'élevait très haut dans des espaces sombres, qui allaient et venaient dans une sorte de clin d'œil tandis que l'astre sautait du bord des nuages pressés dans quelque petit lagon d'indigo doux. projetant une véritable pluie de feux argentés, jusqu'à ce que le long faisceau étincelant voyageant sur les têtes écumantes des mers, comme le rayon d'une roue en rotation, s'éteigne en un souffle par le balayage d'un corps de vapeur sur la belle planète. Je me tenais près du rail qui traversait la cassure de la dunette, observant cette grande image nocturne de l'Indiaman en route vers l'extérieur. De temps en temps, un rugissement d'eau s'échappait de son arc-en-ciel, qui brillait dans le clair de lune dans une immense fontaine de cristaux prismatiques. Les silhouettes de deux marins qui veillaient marchaient péniblement du côté exposé du gaillard d'avant, leurs ombres à leurs pieds commençant sur la planche blanche jusqu'à un éclair rapide et brillant de clair de lune, clair comme un croquis à l'encre, sur fond blanc. papier. Au milieu du navire, à l'avant, se dressait la grande cuisine, avec une énorme chaloupe arrimée devant son toit avec des bômes de rechange ; de chaque côté s'élevaient les hauts pavois avec trois caronades d'un côté se faufilant dans le crépuscule entre les hautes défenses du navire, comme des formes de bêtes accroupies pour avoir une vue sur la mer à travers les hublots. Un rayon de lumière rouge sortait de la cuisine et touchait de son éclat rouillé quelques maillons de l'énorme câble de chaîne qui était disposé le long des ponts, un rouleau de corde accroché à une goupille d'assurage et un fragment de chandelier de pavois. De temps en temps , un marin traversait cette lumière, sa silhouette ressortant en rouge sur l'argent verdâtre de l'atmosphère. Un groupe de passagers pendait les uns contre les autres sous l'échelle de dunette, avec un large espace blanc du gaillard d'arrière incliné depuis leurs pieds vers les voies navigables sous le vent, d'où sortait par intervalles un bruit d'étouffement et de halètement tandis que le navire se soulevait. a amené la sombre vague de la Manche débordant jusqu'aux trous des dalots. Le bourdonnement grognant des voix des hommes se mélangeait dans un effet étrange sur l'oreille avec le chant aigu du vent dans le gréement et les bruits incessants du lavage sur le côté et les craquements prolongés qui s'élèvent de toutes les parties d'un navire. luttant contre une mer de tête sous une pression de toile.

À l'arrière, sur la poupe où je me trouvais, le navire avait un aspect quelque peu désert. Le pilote avait été déposé à Deal ; l'officier de quart (le second) était en train de déplacer le côté exposé du pont depuis l'échelle jusqu'à la hauteur de la lucarne la plus avancée ; la silhouette sombre du capitaine se balançait dans une sorte de va -et-vient pendulaire depuis le gréement d'artimon jusqu'à la grille derrière la barre. Faible comme un tison lointain au-dessus de la hanche bâbord, vacillant avec le vent sur l'étendue des eaux palpitantes, brillait la lanterne du bateau-phare au large de South Sand Head ; et il était étrange de remarquer comment il montait et descendait dans le ciel nocturne au rythme rapide mais majestueux de notre navire, avec la silhouette de l'homme à la barre montrant en quelque sorte le plus vague, malgré l'éclat de la lampe de l'habitacle. jetant une petite brume dorée autour du support de la boussole, derrière lequel la forme du bonhomme apparaissait vague comme la silhouette d'un fantôme.

Ha! pensai -je, *c'est* vraiment être en mer maintenant ! Eh bien, même si nous étions encore dans des eaux étroites, il y avait une telle note de nostalgie océanique dans le bruit tonitruant des vagues balayant les virages que, sans la pâle lueur de la ligne de terre s'éloignant vers tribord, je pourrais facilement Nous avons imaginé que toutes les eaux du grand Atlantique étaient sous notre proue.

Il faisait un peu frais, et je me surpris à serrer mon caban contre moi avec la résolution à demi formée de me diriger vers ma cabine, où il me restait encore quelques pièges à ranger. Mais je me suis attardé, amoureux de tous les effets marins, comme je l'étais alors et je le suis toujours, pour regarder un beau brick passer devant nous en direction dês Downs, le vent fort jaillissant sur son flanc et sa toile se soulevant en courbes semblables à du marbre. aux petits membres de la famille royale ; chaque tissu brillait de perles au rythme de la danse de la lune parmi les nuages, chaque corde sur elle luisait en fil d'argent, avec l'écume blanche comme la neige tamisée, s'élevant jusqu'à ses écubiers jusqu'à ce que la tondeuse coupe sa tige pointue, et pas une lumière à bord, mais ce qui était allumé par le luminaire dans le verre et les cuivres autour de ses ponts alors qu'il passait devant nous, délicat comme une vision, pâle comme de la vapeur, mais d'une grâce exquise aussi déterminable qu'un morceau de peinture sur ivoire. .

Je me suis dirigé vers l'écoutille du compagnon et suis entré dans le cuddy, ou, comme on l'appelle maintenant , le salon. L'appartement avait la largeur du navire, et était en effet une cabine d'apparat très splendide et spacieuse, avec une cloison à l'extrémité sous la roue, où se trouvait la chambre du capitaine, et une couchette à côté, où le capitaine faisait ses affaires. navigation avec les officiers et où les aspirants allaient à l'école. Il y avait aussi deux couchettes à l'avant, tout près de l'entrée du cuddy par le gaillard d'avant, occupées par le premier et le second lieutenant ; sinon, l'intérieur était aussi clair qu'une salle de bal, et c'était comme entrer à terre dans un pavillon brillamment éclairé, passer du crépuscule venteux de la nuit et de son clair de lune volant à la douce luminosité des flammes d'huile brûlant dans de belles lampes. de métal blanc et brillant, dupliqué par des miroirs, avec des peintures à la main entre et des panneaux polis dans lesquels l'éclat ondulait de manière trouble. Une longue table descendait au centre de cette table, et au-dessus se trouvaient les dômes des lucarnes, dans lesquels se trouvaient de nombreuses plantes et fleurs de beauté se balançant dans des pots, ainsi que des globes de poissons et des plateaux en argent se balançant. Au cœur de l'intérieur pénétrait le fût du mât d'artimon , riche de configurations ciselée et d'une teinte délicate ; un beau piano était attaché au pont, derrière le tronc d'un espar géant. Les planches étaient finement tapissées, et des canapés et des fauteuils couraient tout le long de ce salon scintillant de chaque côté.

Quelques personnes étaient rassemblées à l'avant de la table tandis que je me dirigeais vers l'écoutille dont les larges marches menaient aux couchettes situées en dessous. Il n'était pas difficile de percevoir que l'un d'eux était un militaire des Indes orientales dont le foie était en feu à cause des années de curry. Ses moustaches blanches, d'une rigidité de chat, saillaient de chaque côté de ses joues citronnées ; ses petits yeux indigo injectés de sang brillaient sous des sourcils tombants où les cheveux gisaient épais comme des rouleaux de coton. Ce monsieur, je savais qu'il s'agissait du colonel Bannister, et tandis que j'avançais avec précaution (car les mouvements des ponts étaient suffisamment stupéfiants pour m'obliger à marcher avec prudence), j'ai compris qu'il ridiculisait le corps médical auprès du Dr Hemmeridge , l'officier du navire. chirurgien, pour son incapacité à prescrire pour le mal de mer.

«C'est la question des nerfs», ai-je entendu dire un gros monsieur hollandais, connu plus tard sous le nom de Peter Hemskirk , directeur d'une entreprise à Bombay.

'Nerfs!' ricana le colonel en jetant un coup d'œil au gilet du Hollandais. « Ne connaissez-vous pas la différence entre les nerfs et l'estomac, monsieur ?

« Même chose », s'écria doucement le Dr Hemmeridge ; « Le mal de mer, c'est la tête, de toute façon ; et je vous en prie, colonel, qu'est-ce que c'est que ce cerveau, mais...

'Ha! ha !' rugit le colonel en l'interrompant ; " Et *voilà* , je t'ai. Si ce sont seulement les cerveaux qui sont touchés, eh bien, ah ! ha ! pas étonnant que Mynheer ici présent ne souffre pas, même si c'est son premier voyage, dit-il.

Mais ma descente des marches m'emporta hors de portée de voix de cet intéressant discours. Ma cabine était bien à l'arrière. Il y avait un couloir assez large , et les couchettes étaient rangées de chaque côté. De certains d'entre eux, au fur et à mesure de mon chemin, sortaient des sons sourds diverses notes de lamentation et de souffrance. Une femme noire, avec un anneau dans le nez et la tête drapée de blanc, était assise sur le pont devant la porte fermée d'un poste d'amarrage, gémissant comme le mal de mer sur un bébé qu'elle berçait dans ses bras, et qui pleurait du haut de ses tuyaux. La porte d'une cabane immédiatement en face s'ouvrit, et un jeune homme au visage effroyable, sortant la tête, s'écria avec des accents qui évoquaient fortement la nausée : « Je crois que c'est ça ! Et en plus de ça , tu veux bien ? Le rouler est déjà assez mauvais sans *ça* mince . En avant !' Le navire fit une embardée, et il s'éloigna, mais s'élança aussitôt en arrière, n'étant en effet qu'à moitié vêtu : « Je pense , c'est *vous qui êtes à l'* avant ?

«Non», dis-je. «Continuez à chanter. Quelqu'un viendra vers vous.

« Ne vont-ils pas materner cette femme ? » a-t-il crié, et il aurait dit davantage, mais un brusque coup de pied du navire lui a claqué la porte de sa cabine, et l'instant d'après, mon oreille a capté un son qui indiquait trop sûrement sa témérité à quitter sa couchette.

J'entrai dans ma couchette et j'y trouvai la lampe allumée, et le jeune gentleman qui devait partager la cabine avec moi était assis dans son lit, qui était au-dessus du mien, balançant ses jambes par-dessus le bord et regardant d'un air désordonné. sur le pont. J'avais discuté avec lui au cours de l'après-midi et j'avais appris qui il était. En effet, son nom figurait en grosses lettres sur son portemanteau : « L'hon. Stephen Colledge ; et incidemment, il m'avait dit qu'il était le fils de Lord Sandown et qu'il devait se rendre en Inde pour une tournée de chasse. C'était un beau jeune homme, avec des moustaches blondes, des dents blanches, un sourire aimable, mais avec une certaine affectation dans sa façon de parler.

' C'est c'est dur, n'est-ce pas, M. Dugdale ? a-t-il dit; 'et il ne pleut pas ?'

«Non», dis-je.

« Oh, mais regardez la vitre ici », s'écria-t-il en désignant l'auvent ou le hublot, dont l'épaisse vitre brillait, mais noire comme du charbon, sur la nuit du dehors.

«Eh bien, dis-je, c'est la mer qui est mouillée; c'est un spray; rien que du spray.

« Accrochez toutes les vagues ! » dit-il à voix basse. « Pourquoi diable l'océan ne peut-il pas toujours être calme ? Si j'avais su que ce navire tanguait autant, j'aurais attendu un navire plus stable. Me ferez-vous la gentillesse de soulever le couvercle de ce portemanteau ? Vous y trouverez un flacon de cognac. Pendez-moi si j'aime bouger. Désolé, je n'ai pas apporté de lit de camp, même si ce sont des choses vraiment difficiles à monter et à descendre.

J'ai trouvé le flacon et je le lui ai donné, et il a tiré dessus. J'ai décliné son offre d'un verre et je suis allé travailler pour ranger quelques bricoles qui se trouvaient dans ma malle.

« Tu ne te sens pas malade ? » a-t-il dit.

«Non», dis-je.

« Oh, ah, je m'en souviens maintenant ! » il s'est excalmé; « Vous avez été marin autrefois, n'est-ce pas ?

'Oui; J'en ai eu pendant quelques années.

«J'aurais aimé *être* marin, je sais», dit-il. «Je veux dire, après que j'y ai renoncé. Quant à *être* marin, Dieu merci ! pensez à quatre, peut-être cinq mois de *cela*
.

« Oh, vous serez un aussi bon marin que jamais parmi nous dans un jour ou deux », dis-je d'un ton encourageant.

«Mais je n'en ai pas envie maintenant», s'est-il exclamé. « Voyons voir : je crois que tu as dit que tu allais faire de la peinture ? — Oh non ! Je m'excuse : c'est un type nommé Emmett qui m'a dit ça . Vous... vous... » Il m'a regardé avec un coup de tête légèrement ivre, ce qui m'a permis de déduire que la « bouffée » qu'il avait tirée sur sa flasque n'était en aucun cas sa première « vidange » dans l'heure.

«Non», dis-je en riant; « Je sors voir un vieux parent du pays. Et pas plus pour cela que pour le plaisir du voyage.

« Le *plaisir* du voyage ! » » répéta-t-il avec un visage stupide ; puis, avec un soudain éclaircissement de ses manières, bien que son visage sombre lui revienne rapidement, il s'écria : « Je dis, Dugdale , je vous demande pardon, vous savez ; ça ne sert à rien de *monsieur* un type avec qui tu vas coucher pendant quatre ou cinq mois – appelle-moi Colledge , mon vieux – mais je dis, cependant, tu as vu quelque chose de plus de cette fille déchirante depuis le dîner ? Par Georges ! quels yeux, hein ?

Il releva les jambes et, avec un léger gémissement, se mit en position de sommeil, manifestement indifférent à toute réponse que je pourrais faire à sa question.

Je m'attardai un moment dans la couchette, puis, remplissant une pipe, je montai au salon et me dirigeai vers la dunette pour fumer à l'abri du renfoncement de la proue câline. Le colonel Bannister était étendu sur un canapé, tenant un verre de cognac grog. Il y avait d'autres passagers dans la câlin, dispersés, et tous sombrement silencieux, fixant fixement les lampes, mais avec quelque chose de vide dans leur regard, comme si leurs pensées étaient ailleurs. Alors que je montais sur le gaillard d'arrière, les cris et les chœurs des hommes en l'air résonnaient à travers le vent fort et sifflant qui soufflait entre les mâts et à travers le bouillonnement âpre de la mer, que la proue du navire frappait. des tempêtes de neige alors qu'elle avançait d'un air maussade, labourant l'eau avec la sangsue du grand haut-galant - la voile tremblait dans les regards verts du clair de lune comme le vol d'un drapeau dans une brise de vent. Ils prenaient un ris à l'avant et des huniers d'artimon. Le second, M. Prance, chantait de temps en temps un ordre au-dessus de ma tête auquel répondait un « Oui, oui, monsieur » rauque, résonnant dans l'obscurité dans laquelle se trouvait la partie avant du navire. plongé. J'ai allumé ma pipe et je me suis assis sur les hiloires de l'écoutille pour fumer une cigarette. J'étais seul, et cette scène nocturne de la Manche, touchée par la lune, me rappelait l'époque où j'étais marin, où j'avais arpenté le pont d'un autre navire comme celui-ci, en tant qu'aspirant. Cela semblait il y a longtemps, mais cela ne faisait pas plus de six ans non plus. Le vieil instinct professionnel a été vivifié en moi par les voix des gars en haut, jusqu'à ce que j'aie senti comme si c'était mon quart sur le pont, que je me cachais ici sous le bris de la dunette, et que je devrais être en haut en train de jouer sous le vent. vergue ou pendant au vent sur le cheval flamand .

À présent, tout était calme en haut, et grâce à l'éclat du vent dans l'atmosphère, causé par le mélange des eaux blanches et le fréquent regard de la lune à travers quelque déchirure dans le scud en lambeaux, je pouvais distinguer les silhouettes des gars à l'avant. descendre les haubans. Peu de temps après, une voix de mer profonde éclata en un étrange chant sauvage, qui fut repris et repris en chœur d'ouragan par la queue des hommes tirant sur les drisses pour diriger la vergue. C'était une sorte de note appropriée pour une soirée comme celle-là. Une minute après, un chœur d'une même bourruité mais d'une mélodie différente résonnait sur la poupe, où ils mettaient le mât sur la vergue de hunier après l'avoir ris. Les notes combinées donnaient un véritable caractère océanique à l'image du sombre Indiaman gonflant, roulant et tanguant dans des chaloupes flottantes à travers lui, avec ses larges pignons s'élevant dans des espaces de faiblesse jusqu'au scud, et les lignes noires de ses vergues royales s'élevant vers et vers devant la lune qui, lorsqu'elle apparaissait, semblait chanceler parmi les ailes précipitées de la vapeur au rythme de la danse sauvage de nos têtes de mât. Les chants des matelots, le sifflement clair et aigu d'un maître d'équipage en avant, les ordres lancés rapidement par le second, les bruits de lavage des vagues crémantes, les cris maussades du vent dans le gréement ressemblant au rugissement boudeur de déferlante de un bois de grands arbres balayé par un vent violent, tout cela donnait l'impression d'être vraiment en mer.

J'ai fait tomber les cendres de ma pipe et je suis allé faire caca. La terre apparaissait encore très faiblement sur tribord, avec ici et là de petits suintements d'un faible rayonnement qui pourraient marquer un village ou une ville. On voyait l'horizon, où l'eau apparaissait dans une sorte de noir verdâtre avec quelque point de flamme d'un phare français au-dessus du quartier portuaire, et les nuages de septembre s'élevaient au bord de la mer comme des bouffées et des volutes de fumée. un millier de cheminées d'usine là-bas, et de temps en temps une étoile brillante jaillissant d'entre elles tandis qu'ils remontaient rapidement vers la lune, devenant d'un blanc argenté à mesure qu'ils s'approchaient de la glorieuse planète.

Il y avait des fenêtres à l'avant, et alors que je regardais à travers l'une d' elles, je vis le capitaine descendre les marches qui l'accompagnaient dans le salon bien éclairé et s'asseoir à la table, où en un instant il fut rejoint par le petit aux yeux de feu. colonel. Carafes et verres ont été placés par l'un des stewards sur un plateau pivotant , et la scène avait alors un aspect quelque peu familier malgré l'aspect de désertion relative du cuddy. Le capitaine Keeling, je pense, était à peu près l'homme le plus marin que j'aie jamais rencontré. J'avais entendu parler de lui à terre et j'avais appris qu'il utilisait la mer depuis plus de quarante-cinq ans. Il avait servi dans toutes sortes d'embarcations et avait acquis une grande réputation parmi les propriétaires et les assureurs pour sa défense et la préservation d'un Indiaman qu'il commandait et qui fut attaqué dans le golfe du Bengale par un picaron français lourdement armé et rempli d'hommes. Des coupes, des épées , des services d'argenterie et des bourses d'argent furent comblés sur lui pour sa conduite dans cette affaire ; et en effet, à sa manière, il était une sorte de petit commodore Dance.

Je l'ai regardé avec un certain intérêt alors qu'il était assis à côté du colonel avec la pleine lumière de la lampe face à lui qui brillait sur son visage et sa silhouette. Il y avait eu assez peu de choses pour le voir pendant la journée, et ce n'est que lorsque nous avons largué le pilote qu'il s'est montré. Son visage était cramoisi par de longues périodes de temps tropical et durci comme la face d'un rocher par les années de vents qu'il avait traversés . Il avait environ soixante ans ; et ses cheveux coupés courts étaient aussi blancs que l'argent, avec une fine ligne de moustaches semblable à de la laine qui s'étendait de son oreille jusqu'au milieu de sa joue. Son nez avait la forme du fourneau d'une pipe en terre et était d'un rouge plus foncé que le reste de son visage. Ses petits yeux bleu marine étaient profondément enfoncés, comme s'ils avaient regardé longtemps vers le vent ; et presque cachés comme ils l'étaient par la lourde crête des sourcils argentés, ils semblaient n'être rien de plus que des trous de vrille dans sa tête pour laisser entrer la lumière. Il avait ouvert son caban et découvert une sorte d'uniforme dessous : un gilet chamois à boutons dorés, une redingote ouverte de drap bleu à revers de velours. Autour de son cou se trouvait une crosse de satin dans laquelle se trouvaient trois épingles reliées par de petites chaînes. Son col de chemise était divisé en arrière et montait en deux pointes aiguës sous le menton, ce qui l'obligeait à garder la tête droite dans une posture assez militaire. Tel était le capitaine Keeling, commandant de la célèbre vieille *comtesse indienne Ida* .

Je devinais qu'il ne resterait pas longtemps en bas, sinon j'aurais été tenté de le rejoindre pour un verre de grog, malgré la compagnie du colonel Bannister, qui n'était guère le genre d'homme à rendre heureux dans une occasion telle que la première nuit en mer avec le souvenir amer récent des adieux, des baisers, des poignées de main de gens qu'on ne reverra peut-être jamais.

CHAPITRE II
LE LUGGER FRANÇAIS

MA pipe était éteinte ; les pavois du gaillard d'avant cachaient la mer, et j'ai donc monté l'échelle de dunette pour jeter un coup d'œil avant de me tourner. À bâbord, ou *bâbord*, comme nous l'appelions alors, se trouvait un navire tout gréé qui remontait la Manche sous toutes les plaines. une telle voile de levure blanche obscurcissait ses étraves, et se précipitait vers l'arrière dans la longue ligne de son sillage, qui s'alignait sur les eaux sombres et palpitantes, qu'elle faisait penser à la base d'une trombe se tordant vers le haut pour rencontrer le courant descendant. tube de vapeur . Elle fut le premier objet qui attira mon attention et je traversai précipitamment le pont pour la voir. M. Prance, le second, se tenait près du bastingage et la surveillait.

« Un noble spectacle ! » dis-je.

« Oui, monsieur, une frégate anglaise. Un vaisseau de cinquante et un canons, apparemment. Ma parole, rien de plus majestueux n'a jamais nagé, ni ne nagera jamais, que des navires de ce genre. Regardez la ligne de ses piles, noires et blanches comme les touches d'un pianoforte ! Quelle squareité de cour, monsieur ! Sa grand-voile royale devrait être aussi grande que notre hunier.

Il leva un regard pensif vers le tissu qui tournoyait au-dessus de nos têtes, vers une courte barbe qui s'enroulait vers le haut depuis son menton comme le chaume avant d'un sou' -wester. Le noble navire flottait à l'arrière dans l'obscurité, et ses hauteurs pâles moururent dans l'obscurité comme un jet de vapeur se dissolvant dans le vent.

« Qu'est-ce que c'est là-bas, sur la proue tribord, M. Prance ? dis-je.

Il regarda un moment et dit : « Un engin aussi grand que nous, debout devant nous, une chose grumeleuse, de toute façon. Quelle tache elle fait, puisqu'elle n'a pas de hauteur d'espar !

«Nous sommes en train de la rénover», dis-je.

«Oui», répondit-il en gardant les yeux fixés sur elle. « Mais elle ne semble pas un peu incertaine ? marmonna-t-il, comme s'il réfléchissait à voix haute.

J'avais une vue merveilleusement bonne à cette époque, et après avoir tendu mes yeux un moment sur l'amas d'ombres à peine déterminables que formait l'engin, je m'écriai : « Ce sera un lougre français , ou je me trompe lourdement.

«Je crois que vous avez raison, monsieur», répondit le second.

Il s'éloigna un peu de moi, pour laisser entendre peut-être qu'il désirait attirer son attention sur le navire à la proue, et, mettant soudain la main à sa bouche, il héla le gaillard d'avant d'une voix claire et aiguë. Une réponse fut renvoyée aussi rapidement que le son d'une cloche au coup de sa langue.

« Montrez une lumière en avant ! Intelligemment maintenant ! Ce type devant semble dormir.

Il n'y avait pas de feux de position à cette époque. De longues années devaient s'écouler avant que la loi sur la marine marchande n'impose l'utilisation d'un signal de nuit plus précisément qu'un bref éclair de lampe d'habitacle sur le côté. En quelques instants, une grande lanterne globulaire, tenue par un marin, dont la silhouette apparaissait comme une esquisse au phosphore à l'illumination de la flamme, fut posée sur le bastingage du gaillard d'avant, la nuit au-delà de lui paraissant plus noire à cause des montées et des descentes. point de tir. L'allusion sembla avoir été comprise par le gars qui le précédait, et le second se dirigea vers l'arrière vers l'habitacle, dans lequel il se tenait à regarder, se dirigeant ensuite vers le bastingage, où il s'attarda, regardant vers l'avant.

J'ai traversé sous le vent pour observer la course des eaux laiteuses le long du côté. L'écume faisait dans l'air une sorte de crépuscule. Sous le pied de la grand-voile qui était arquée transversalement sur le pont, le vent soufflait avec une note d'ouragan hors de l'immense concavité des toiles, et rendait la neige précipitée étourdie par son fouet, jusqu'à ce que l'œil se tourne de nouveau vers le vue de la levure bouillante. Jamais aucun navire n'a suscité autant d'étouffement autour de lui que la *comtesse Ida* . Notre vitesse était à peine de cinq milles, et pourtant, regardant sous le vent, lorsque l'immense toile descendait en gîte vers ses canaux, sous le scud de la mer et sous le poids du vent dans sa toile, on aurait cru qu'elle grondait. à travers cela, au moins dix nœuds.

Tout à coup, il y eut un cri fort et effrayant. 'Portez votre enfer ! porte ton enfer !' Je pouvais entendre une voix rugir avec une signification comme celle de la vie ou de la mort dans la véhémence surprenante de l'énoncé.

'Tribord! tribord !' cria M. Prance, qui se tenait toujours à l'arrière : « finissons-en, les hommes, pour l'amour de Dieu, avant de nous lancer dans elle !

L'instant suivant, il y eut un choc sourd dans tout le navire ; un frisson qui parcourait ses planches jusqu'à la plante des pieds, tandis qu'il y avait des cris et des cris comme ceux de soixante gorges sous les proues, et un bruit des plus lamentables et des plus terrifiants d'éclats de bois, de déchirures de toile, de voiles libérées. fouetter le vent. J'ai bondi vers le bastingage et j'ai vu une grande coque d'environ quatre-vingts tonnes entièrement démâtée - une scène sauvage d'épave et de ruine à l'éclair de la lune à ce moment-là brillant dans un espace clair du ciel - qui glissait dans notre se réveiller. L'objet sombre semblait rempli d'hommes, et les cris ne me laissaient aucun doute sur le fait qu'elle était française : un grand trois- mâts . lugger , comme je l'avais supposé.

En un instant, notre navire fut en ébullition. Il n'y a rien dans le langage pour exprimer le bruit et l'excitation. Pour commencer, notre barre ayant été déposée, nous avions tourné face au vent et nous étions étendus en tanguant lourdement avec les voiles battant et tonnantes, les vergues grinçantes, le gréement tendu. Les marins allaient et venaient . Pour le moment, toute discipline semblait être allée trop loin. Le capitaine était arrivé en culbutant sur le pont et appelait les ordres du second, qui les répercutait en hurlements bruyants vers la dunette et le gaillard d'avant. Des lanternes étaient dressées et exposées au-dessus du bastingage, et à leur lumière on voyait les silhouettes des marins se précipitant de corde en corde et tirant sur l'équipement, leurs chœurs bourrus et durs s'élevant bien au-dessus du bavardage terrifié des passagers - de nombreux dont s'étaient précipités sur le pont à peine vêtus – bien au-dessus également de la tempête et du hurlement du vent, des notes profondes des eaux en colère se battant contre nos étraves, et des secousses et des battements distrayants des voiles.

Mais quelques ordres donnés par M. Prance, dont la langue était comme une trompette dans un moment comme celui-ci, agissaient sur le navire comme la main sympathique d'un cavalier sur un pur-sang rétif et terrifié.

« Relevez la grand-voile – les grenats du point d'écoute avant – la vergue arrière du grand hunier – la queue sur les contreventements et arrondissez-la généreusement. M. Cocker (ceci était adressé au second, qui avait dégringolé avec le reste de la montre en dessous en sentant le coup sourd que la *comtesse Ida* s'était donné et en entendant le tumulte qui avait suivi) - allumez une fusée - intelligemment, s'il vous plaît! Allumez également les lumières bleues et les fusées.

J'ai couru vers l'arrière pour voir si le navire que nous avions fait naufrage se trouvait quelque part. La lune brillait brillamment sur la mer à ce moment-là, et les eaux gonflées de la Manche élevaient leurs hauteurs noires en pics crémeux dans une atmosphère de délicate brume argentée, qui laissait pourtant l'œil pénétrer jusqu'aux confins sombres de l'horizon. Le sillage de la planète était une longue ligne palpitante de splendeur brisée et en colère au sud ; mais sa queue semblait couler juste jusqu'à la pointe de mer dans laquelle le lougre avait viré, et j'étais sûr que s'il était à flot, je le verrais.

« Qui est-ce sous le vent là-bas ? » » appela le capitaine de l'autre côté du volant d'un ton inquiet et irrité.

'M. Dugdale , répondis-je.

« Oh, je vous demande pardon, j'en suis sûr », s'est-il exclamé ; « Voyez-vous quelque chose du navire que nous avons coulé ? »

«Rien», ai-je répondu.

« Elle a dû sombrer, dit-il ; " Pourtant, même si j'ai écouté, je n'ai entendu aucun cri une fois que l'épave s'est assez éloignée de nous. "

Ici, le second arriva précipitamment à l'arrière et, en touchant sa casquette, rapporta que le puits avait été sondé et que tout allait bien pour le navire.

« Très bien, monsieur, dit le capitaine. «Je vais tenir bon avec mes bateaux. On ne peut rien faire pour empêcher la calamité . Je ne vais pas l'augmenter en sacrifiant la vie de mes hommes. Les pauvres diables avaient leur propre bateau, je suppose. Montrez des lumières bleues, voulez-vous, M. Prance, et envoyez une fusée de temps en temps.

, ils allumaient une torche au-dessus de la bastingage du gaillard d'arrière — une sorte d'arrangement à base de térébenthine qui projetait une longue flamme vacillante et un grand tourbillon de fumée par l'embouchure béante de l'entonnoir en fer-blanc qui contenait le mélange. C'était comme observer le navire à la lueur d'un éclair, voir une grande partie de son milieu, son grand mât et les pâles lumières de la grand-voile suspendues à la vergue dans la prise du train, voir tout cela aller et venir tandis que la flamme bondissait. et fané. Il y avait une foule de passagers terrifiés sur la dunette, quelques-unes d'entre elles étaient des dames, se serrant dans des robes de chambre et des châles ; et du cœur de la petite foule s'élevaient les notes de scie du colonel Bannister.

« Ces collisions, l'entendis-je crier, ne *pourront jamais* avoir lieu si une surveillance adéquate est assurée. Il est absurde de discuter. J'obligerais le plus vieux marin qui me contredirait à ravaler ses paroles. Pourquoi, ai-je fait quatre fois le voyage vers l'Inde… » Mais le reste de ses observations fut noyé dans les cris d'étonnement et d'alarme des dames tandis qu'une fusée, lancée près d'elles, s'en allait en sifflant et en cisaillant à travers le vent hurlant. dans un courant de feu, se brisant en une boule rouge sang, qui flottait rapidement vers la terre, comme un météore électrique, épouvantable contre le clair de lune, avec une large atmosphère cramoisie autour d'elle qui teintait même l'écume. Un instant après, une lumière bleue fut allumée sur le côté depuis la tête de l'échelle de dunette, ce qui provoqua un recul général et des exclamations plus aiguës de la part des dames . En fait, ces lumières mystiques et sauvages s'ajoutaient à l'imagination des hommes se noyant à l'arrière, colorant le navire de regards surnaturels et projetant un merveilleux teint d'horreur sur la nuit sur un large espace autour de l'Indiaman tanguant et gémissant. , a mis un tel élément de mystère et de peur dans la scène que même si je n'étais en aucun cas un nouveau venu dans de tels spectacles marins, j'avouerai frémir encore et encore alors que je surplombais le côté de la dunette, m'efforçant de discerner tout objet qui pourrait ressembler à un bateau dans l'obscurité blanchie par l'écume dans laquelle le lougre s'était glissé .

'Que s'est-il passé? Tout le monde est tellement excité qu'on ne peut pas comprendre la véritable histoire.

Je me tournai rapidement et vis la grande silhouette d'une dame à mes côtés. Elle était vêtue d'un manteau dont le capuchon était sur sa tête et obscurcissait son visage presque jusqu'à le cacher, sauvant ainsi ses yeux, qui brillaient grands, liquides, avec une tache rouge claire dans les profondeurs, du reflet de l'eau. la fusée éclairante au pavois de dunette .

Expliquai-je brièvement, soulevant ma casquette et lui donnant son nom – Miss Temple – car je l'avais particulièrement remarquée alors qu'elle montait à bord à Gravesend et lui avais demandé qui elle était, même si je ne l'avais plus vue à ce moment-là. Je terminai mon récit en désignant le quartier de la mer où le lougre avait disparu.

« Merci pour l'histoire », s'est-elle exclamée avec une soudaine note de hauteur dans la voix, tout en gardant les yeux sur la riche noirceur du ciel nocturne tropique, fixée fermement et luisante sur moi, comme si elle s'était adressée à moi. par erreur, et je voulais être sûr de moi. Elle bougea comme si elle allait s'en aller, s'arrêta et dit : « Pauvres créatures ! J'espère qu'ils seront sauvés . Notre navire est-il blessé, le savez-vous ?

«Je ne crois pas», dis-je un peu froidement. « Il y a peut-être une corde ou deux cassées à l'avant, mais il n'y a rien d'autre à regretter que le lougre français.

« Ma tante, Mme Radcliffe, dit- elle, est devenue quelque peu hystérique à cause de l'agitation sur le pont. Elle est trop malade pour quitter son lit. Je pense que je peux la rassurer ?

«Oh oui», m'exclamai-je. "Mais là-bas, à côté de la barre, se trouve le capitaine pour confirmer mes paroles."

Elle m'a fait un salut, ou plutôt une révérence de cette époque, et s'est dirigée vers l'arrière pour s'adresser au capitaine, comme je le supposais. Au lieu de cela, elle est descendue par l'écoutille du compagnon et je l'ai perdue de vue.

Une dame dédaigneuse , pensai-je, mais d'une rare beauté aussi ! — des yeux merveilleux , en tout cas, à voir par une telle illumination de fusées et de lumières bleues, et de clair de lune volant, et la lueur jaune des fusées éclairantes.

Tout cela pendant que le navire restait en panne, son grand-voile au mât, les plis de sa grand-voile pendante envoyant un faible tonnerre dans le vent tandis qu'il secouait ses toiles, la mer se brisant dans des bruits orageux venant de sa proue ; mais *maintenant* un silence de mort tomba sur les gens le long de ses ponts : rien ne rompit ce silence sur la vie du navire, sauf le sifflement aigu occasionnel d'une fusée perçant les bruits agités de la mer et le sifflement du vent dans le gréement. . Le bastingage était bordé de marins, regardant avec impatience vers la queue du sillage brumeux de la lune, dans lequel les vagues noires s'épaulaient et se changeaient en collines troubles d'argent terne. Le capitaine et deux des compagnons se tenaient à l'arrière, observant attentivement l'eau, se mettant souvent dans des postures d'écoute tendues, les mains contre les oreilles. La plupart des passagères descendaient en bas, mais ne se couchaient pas, car on pouvait les apercevoir à travers la lucarne, assises à la table, parlant rapidement, dirigeant souvent des regards anxieux vers la vitre à travers laquelle on pouvait les voir. Il y avait parmi eux une vieille dame majestueuse , aux cheveux gris qui semblaient poudrés, au nez en forme d'écaille, à la poitrine immense, qui partait immédiatement de sous le menton. La lumière de la lampe brillait en diamants à ses oreilles, en rubis et en pierres de valeur et de beauté sur ses doigts. Elle était l'épouse du colonel Bannister et ne manquait apparemment pas de l'énergie fougueuse de son mari et de sa capacité à voir les choses avec humeur poivrée , si j'en juge par ses hochements de tête véhéments et les regards qu'elle lançait autour d'elle de ses yeux gris. C'était une photo de cabine que j'avais prise mais que j'avais aperçue alors que je traversais le pont pour jeter un coup d'œil sous le vent, mais qui, d'une manière ou d'une autre, est restée gravée dans ma mémoire, peut-être à cause de l'aspect de lanterne magique de l'intérieur, avec ses les lampes brillantes et les vêtements multicolores des dames dans leurs châles, robes de chambre et autres, se détachant sur l'œil au milieu du cadre sombre et sauvage de la nuit bouillonnante et bruyante.

Tout à coup, il y eut un grand cri. Je me suis précipité vers le rail météo.

« Il y a un bateau qui se dirige vers nous, monsieur… vous la voyez, monsieur ? Là-bas, de ce côté-ci du reflet de la lune !

« Oui, elle est là ! Ce sera le bateau du lougre . Mon Dieu, comme elle plonge !

Vingt bras sombres pointaient dans la direction indiquée par les cris bourrus et grogneurs des marins. Le second lieutenant, M. Cocker, s'avança précipitamment vers la cassure de la crotte.

« Attendez-vous, certains d'entre vous, cria-t-il, à leur hisser le bout de la ligne. Préparez-vous avec des boulines pour les aider à passer par-dessus bord.

Je pouvais voir clairement le bateau maintenant alors qu'il s'élevait à la hauteur de la mer, son côté noir et mouillé étincelant un instant au clair de lune avant qu'il ne coule hors de vue devant la tête blanc ivoire de la vague qui balayait sous lui. Elle semblait avoir une profonde relation avec les hommes ; mais je ne pouvais compter que deux rames. Elle a été précipitée sur nous par l'impulsion de la mer et du vent, et j'ai senti mon cœur s'arrêter alors qu'elle enfonçait son arc vers nous, tournant sur elle-même de manière à vous faire chercher son épave dans les douves emportées sous notre comptoir. Elle était pleine de monde, et parmi eux des femmes, de pauvres créatures, coiffées de grands bonnets blancs et de longues boucles d'oreilles dorées, les hommes pour la plupart avec d'énormes bottes de pêcheur, des casquettes à pompons et des maillots qui auraient pu être de n'importe quelle couleur dans cette lumière. On pouvait à peine distinguer ces caractéristiques, mais pas plus, car le contenu du bateau, alors qu'il s'élevait, s'élevait et tombait le long du bateau, n'était qu'un sombre groupe de formes humaines, se tordant et se tordant comme une masse de vers dans une marmite, nous vociférant en le *patois* peu intelligible de Gravelines ou de Calais ou de Boulogne.

Il n'y avait aucune magie dans les ordres même des officiers britanniques aux marins britanniques pour mettre le moindre élément de calme dans les affaires. Ce n'était pas seulement qu'à un moment donné le bateau à quai semblait être bloqué jusqu'à la couverture de l'Indiaman et qu'à un moment donné il se précipitait dans un gouffre qui mettait à nu de nombreux pieds de la gaine jaune du grand navire : il y avait le terrible l'attente que tout le fret humain soit renversé et noyé dans un souffle ; il y avait les cris déchirants du peuple affolé ; il y avait une incapacité totale du capitaine et des seconds à se faire comprendre. Comment cela a été fait, je n'ai pas la prétention de l'expliquer. D'une manière ou d'une autre, le bateau fut traîné jusqu'à la passerelle, se frottant et se cognant horriblement contre le côté massif, courbé et roulant de l'Indiaman ; puis des boulines et des cordes en abondance étaient suspendues ou lancées sur elle ; et à travers la passerelle non embarquée, éclairée par une demi-douzaine de lanternes et bondée par une foule pressée de marins et de passagers, les uns après les autres, les femmes et les hommes – la plupart des hommes venant en premier ! – furent traînés à l'intérieur, certains d'entre eux ils tombaient à plat ventre sur le pont, certains tombaient à genoux et se signaient ; quelques femmes pleuraient passionnément, l'une sanglotait dans des paroxysmes effroyables, les autres muettes comme des statues, comme si la terreur et la présence de la mort avaient gelé en elles le sang et arrêté les battements mêmes de leur cœur. Deux d'entre eux sont tombés à la mer ; mais ils étaient entourés de lignes et furent remontés à moitié morts. Ils étaient tous mouillés, les bottes de mer des hommes pleines d'eau ; tandis que les robes trempées des femmes inondaient le pont sur lequel elles se tenaient, comme si plusieurs seaux de saumure y avaient chaviré.

La pitié du vieux Keeling pour eux n'allait pas jusqu'à introduire ces misérables créatures dans la câline, à abîmer les beaux tapis du navire et à tacher et ruiner les revêtements des canapés. Ils furent donc réunis dans le renfoncement sous la cassure de la dunette, où du moins ils étaient abrités. On leur donna de l'eau-de-vie chaude, de l'eau, du pain et de la viande, et ce souper, les malheureuses créatures le mangèrent à la lueur des lanternes faiblement allumées que tenaient les matelots.

Il n'y a jamais eu de spectacle plus étrange et plus sauvage que l'image que faisaient ces pauvres créatures à moitié noyées. Certaines femmes n'interrompaient presque pas leurs sanglots et leurs lamentations, sauf lorsqu'elles se taisaient la gorge en buvant une gorgée de nourriture ou de boisson. Ils étaient très laids, noirs comme du café ; et leurs cheveux noirs et mouillés ruisselant comme des algues sur leurs épaules et leurs sourcils sous leurs bonnets trempés les faisaient ressembler à des sorcières. Les hommes parlaient d'une voix rauque et passionnée, avec de nombreux gestes passionnés qui suggéraient une dénonciation féroce. Le second descendait vers l'écoutille autour de laquelle ces gens étaient accroupis, mangeaient, buvaient, gémissaient et bavardaient sans le moindre égard à la foule d'yeux curieux qui les inspectaient depuis la dunette, le second, dis-je, descendait. , resta un moment à les regarder, puis jeta un coup d'œil autour de lui et, me voyant, il me demanda si je parlais français.

« Oui, dis-je, mais pas le français que parlent ces gens.

« Nous avons trois passagers, dit-il, qui, m'a-t-on dit, sont des érudits dans cette langue ; mais le steward m'informe qu'ils ont trop le mal de mer pour monter sur le pont. Demandez simplement à ces gens, dans le français que vous connaissez, si leur capitaine est parmi eux.

Pendant qu'il disait cela, un petit vieillard assis sur l'hiloire, avec une combinaison de nuit rouge, d'immenses boucles d'oreilles et un visage de cuir plissé en mille rides comme le sourire d'un singe, leva les yeux vers M. Prance : et, hochant la tête avec une énergie effrayante, tandis qu'il se frappait la poitrine de son poing fermé, il s'écria : « Ouais , ouais , moi capitaine .

'Ha!' dit le second, vous parlez anglais, alors ?

" Ouais , ouais , " rugit-il : " moi, je parle Angleesh .

Heureusement, il en savait assez pour m'épargner le travail d'interprétation ; et cela aurait été un *travail* acharné, car, même s'il était parfaitement certain qu'aucun d'entre eux, à l'exception du petit homme au visage de singe, ne comprenait une syllabe des questions du second, chaque fois que le petit gars flétri répondait, ce qu'il faisait avec un talent extraordinaire. des convulsions et une grande variété de gesticulations frénétiques – tous les autres se mirent à parler, les femmes se joignant à eux, et il y eut un tel brouhaha de langues que je n'avais pas pu sortir un pouce d'idée de cette dispute distrayante. Cependant, avec le temps, le mannequin coriace qui se disait capitaine fit comprendre à M. Prance que le lougre appartenait à Boulogne ; qu'elle avait à son bord les survivants d'un autre lougre , soit quelque trente-quatre âmes en tout, hommes et femmes, au moment de la collision, dont dix-sept ou dix-huit se sont noyés . Après avoir donné ces chiffres à M. Prance, il se tourna vers les autres et dit quelque chose d'une voix aiguë, féroce et rapide, tandis que les femmes se mirent à crier et à pleurer, tandis que beaucoup d'hommes s'arrachaient les cheveux, certains allant jusqu'à la longueur. se cognant la tête contre le devant du cuddy. C'était un spectacle à faire mal au cœur, d'autant plus, je pense, à cause de l'élément inexprimable de farce grotesque introduit dans cette lugubre tragédie par leurs visages, leurs postures et leur comportement ; et après en avoir assez entendu et vu, je me suis glissé sur la dunette, avec un frisson me pénétrant jusqu'à l'âme à la pensée des corps noyés là-bas, quand mon regard se tourna vers la mer noire et agitée par la ligne troublée du clair de lune, et soulevant dans des vagues lumineuses cendrées dans ce chemin de lumière froid.

Mais bien avant cela, nos fusées, nos lumières bleues et nos fusées éclairantes avaient été aperçues ; et un instant ou deux après avoir atteint la dunette, j'aperçus la silhouette du capitaine Keeling avec quelques passagers mâles à ses côtés, debout près du rail, regardant un puissant coupeur se débattre jusqu'à nous au près, avec l'eau bouillante à ses bonds. , et sa grande grand-voile à mi-voile sombre avec la saturation de la saumure volante. En moins de vingt minutes, il se levait et descendait comme un oiseau de mer à notre hauteur, avec une silhouette sombre à son bastingage sous le vent hurlant avec des poumons d'airain pour savoir ce qui n'allait pas.

« J'ai renversé un lougre français », cria le capitaine Keeling, « et j'ai la moitié de ses hommes à bord, et je dois les débarquer immédiatement, car je souhaite continuer.

« C'est vrai , » vint le coupeur ; mais avec une note d'irritation et de déception dans le cri, comme je ne pouvais m'empêcher de l'imaginer.

S'ensuivent alors de merveilleuses manœuvres . Il n'y avait qu'un seul moyen de transborder les misérables Français, c'était à coup de fouet et d'un grand panier. Les mains se levèrent pour préparer le plaquage nécessaire ; Pendant ce temps, Prance, du haut de l'échelle de dunette, tonnait les intentions de l'Indiaman à travers une trompette parlante au cutter. Je pouvais voir le vieux Keeling trépigner d'impatience de temps en temps tandis qu'il s'éloignait des questions des passagers, parmi lesquels le colonel Bannister, pour se lancer dans une marche rapide, pleine de chagrin et d'irritabilité. Pendant ce temps, ils avaient déplacé leur gouvernail à bord du cotre et s'étaient mis en route vers la belle petite embarcation. Je l'ai vue supporter le poids du vent et talonner jusqu'à la ligne de son plat-bord, puis briser une mer sombre en lait bouillant, sautant la pente liquide, comme un cheval franchit une haute porte, s'enfonçant le nez sous la course de lancement vers le bas. , puis s'élevant de nouveau à la hauteur de la vague suivante, de plein fouet sur elle. Elle est venue en la déchirant et en sifflant comme si son avant-pied cuivré était de métal chauffé au rouge, et lorsqu'elle était à la hauteur de notre hanche sous le vent, elle a baissé son gouvernail et a balayé avec une grâce et une précision merveilleuses jusqu'à notre côté, loin de nos espars de cisaillement. et elle était là.

Il était minuit dur lorsque le dernier panier fut déposé sur le pont. Il n'y a eu aucun accroc ; Tout allait bien; une ligne attachée au panier permettait aux gens du cotre de le transporter jusqu'à leurs ponts ; mais la terreur des malheureux Français était pénible à voir. Les femmes montèrent courageusement dans le panier ; mais beaucoup d'hommes refusèrent catégoriquement d'entrer et durent y être arrimés de force, nos crics tenant bon jusqu'à ce que l'ordre de « s'écarter » soit donné, alors que le pauvre Crapaud montait en criant vengeance sur nous tous et en appelant la Vierge et les saints pour obtenir de l'aide. D'une certaine manière, c'était comme un petit engagement avec un ennemi. Certains Français ont tiré des couteaux et ont dû être renversés .

Puis, lorsque le dernier d'entre eux fut basculé sur le côté et abaissé : « Est-ce que ça va ? cria le capitaine Keeling au cotre.

"Très bien", répondit une voix grave, enrouée par le rhum et le temps. « Je suppose que vos propriétaires feront en sorte que ce travail ait de la valeur à nos yeux ?

«Oui, oui », répondit le capitaine. « Autour de votre vergue de hunier, M. Prance. Animé maintenant ! cette affaire nous a déjà coûté une demi-nuit.

En quelques minutes, les grandes vergues de la grand-voile furent lentement balancées sous la traînée des croisillons avec les forts soulèvements des matelots, et le navire, sentant le poids du vent dans le vaste creux obscur du hunier, s'inclina avec un léger mouvement. une nouvelle impulsion de vie dans son corps et conduisit un demi-acre de mousse devant elle. Nous avions repris notre voyage ; et avec un sentiment de lassitude suprême en moi suite à l'excitation des heures, et glacé jusqu'aux moelles par mon long séjour sur le pont et mes flâneries incessantes dans le vent vif de la nuit, j'entrai dans le salon, demandai un verre de grog, et je me suis dirigé vers ma couchette.

CHAPITRE III
MES COMPAGNIES PASSAGERS

IL y avait une forte brise de vent cette nuit-là. Peu de temps après que j'aie quitté le pont, ils ont enroulé la grand-voile et le hunier, ont ris le hunier principal et ont attaché un autre ris dans le hunier d'artimon. En fait, il semblait que nous allions avoir un coup de vent noir, mortel aussi, avec la perspective certaine de repartir vers les Downs. Comment cela peut-il se passer à l'époque des bateaux à vapeur, je n'ai pas la prétention de le dire ; mais mon expérience du vieux voilier est que la première nuit, quel que soit le temps qu'il veut, est, dans l'ensemble, une période à peu près aussi misérable qu'un homme, à n'importe quelle époque de sa vie, doit traverser.

M. Colledge dormait profondément sur sa couchette, sa bouteille de cognac à portée de main. Il était certain qu'il n'avait rien entendu du bruit sur le pont. Je me suis déshabillé et je me suis roulé dans mon lit, et je suis resté là longtemps éveillé . Le navire craqua comme un berceau. J'étais envahi par toute la tristesse d'une première soirée, et elle était encore rendue plus lourde – combien plus lourde en effet ! – par le souvenir de la tragédie sauvage et soudaine de la soirée. Oh, la lassitude insupportable des bruits, la tension des cloisons, le rugissement ardent de la vague sombre qui lave le hublot, dont l'ébullition s'éteint dans un faible frémissement au gré du vent, le chancelement instantané du navire sous le coup. d'une mer forte pleine sur sa proue, la sensation de descente essoufflée alors que le navire s'écrasait avec une énorme poussée au vent dans le creux, le balancement pendulaire de ses vêtements accrochés à la cloison, les exclamations à moitié étouffées déferlant des cabines adjacentes , le tout rehaussé d'une véritable saveur océanique par les chants rauques occasionnels des marins au-dessus, à peine entendus, comme si l'on était dans une voûte, et cet étrange bourdonnement vibratoire que fait le vent à celui qui l'écoute depuis la cabine d'un bateau.

Je m'endormis enfin, et je fus réveillé à sept heures et demie par le steward, qui voulait savoir si j'avais besoin d'eau chaude pour me raser. Dès l'instant où j'ai repris conscience, j'ai senti qu'une mer agitée coulait.

« Pas de rasage ce matin, merci, dis-je, à moins que j'aie envie de me couper le nez. Quel temps fait-il, steward ?

« Ça souffle du sud , monsieur, » répondit-il en parlant avec ses lèvres au vénitien de la porte fermée, « et le navire avance « et en quelque sorte comme un rouleau de fumée.

Ici, quelqu'un l'a appelé et il est parti au trot.

M. Colledge s'est réveillé. « Par Georges ! s'est-il exclamé, "J'ai dormi très longtemps."

« Comment vous sentez-vous ? dis-je.

« Il n'est pas d'humeur à se lever », répondit-il. « Je suppose que je peux me faire apporter ici le petit-déjeuner que je suis susceptible de prendre ?

« Soyez bénis, oui », répondis-je.

« Des nouvelles, M. Dugdale ? » » demanda-t-il, sa voix commençant à languir alors qu'une sensation de nausée grandissait en lui avec le plus grand éveil de ses facultés.

« Nous avons renversé un lougre français hier soir, dis-je, et nous avons noyé beaucoup d'hommes. C'est tout.'

Il m'a regardé d'un air sombre, pensant peut-être que je plaisantais, puis il a dit : « Eh bien, ça y est, vous voyez. Hier, vous parliez des plaisirs du voyage ; et la toute première des humeurs est la noyade d'un grand nombre d'hommes.

«Et les femmes», dis-je.

« Pauvres diables ! il s'est excalmé. « Veux-tu me remettre une bouteille d'eau de Hongrie que tu trouveras dans mon porte-manteau ? Merci beaucoup, Dugdale : et aurez-vous la gentillesse de dire au steward, lorsque vous traverserez la cabine, de m'apporter une tasse de thé ?

« Levez-vous tout à l'heure, si vous vous en sentez capable, » dis-je. « Soigner le mal de mer ne fait que rendre le démon plus impitoyable. Montrez-vous sur le pont et le vent vous chassera de la nausée. Et je vais vous dire un meilleur remède que l'eau de Hongrie ou les flacons de cognac : un cube de sel de cheval, Colledge ; un bon morceau de bœuf marin, de quoi faire travailler les muscles de vos mâchoires et aiguiser vos dents.

« Oh mon Dieu, mon cher, ne le faites pas », s'écria-t-il en tournant son visage vers la paroi du navire ; et je l'entendis s'écrier, comme s'il se murmurait : « Comme l'eau gargouille autour de cette fenêtre, et quel vert maladif et doocide elle est !

Mais très peu d'entre nous se sont réunis à la table du petit-déjeuner. Le colonel Bannister était là, un homme très viril, avec une expression de tigre du Bengale alors qu'il regardait autour de lui du regard autour de lui entre ses moustaches blanches en forme de fil de fer. Étaient également présents M. Emmett, un artiste qui faisait un voyage vers l'Est dans le but de peindre des paysages indiens, un homme aux cheveux longs bouclés dans le dos, une barbe et des moustaches en lambeaux, un manteau de velours et des colliers Byronic. , d'où son long cou mince sortait comme la tête d'une perche à travers les vêtements d'un épouvantail ; M. Peter Hemskirk , qui avait l'air inhabituellement gros, pâle et inachevé dans sa tenue ce matin ; deux jeunes fonctionnaires — comme nous devrions maintenant appeler leur métier — nommés Greenhew et Fairthorne ; et M. Sylvanus Johnson, journaliste, en route vers Bombay ou Calcutta (je ne suis pas sûr de la ville), pour rédiger un journal — un homme à la tête d'une balle, avec une sorte de visage bas et comique, très bleu sur les joues qui Là, il se rasait et avait de petits yeux noirs, vifs et agités, pleins d'intelligence, dont la suggestion de cette manière ne devait pas être altérée ou affaiblie par une expression au repos d'une singulière complaisance. Le capitaine Keeling, au bout de la table, était assis embroché dans sa redingote d'uniforme aux cols et cols de satin rigides. M. Prance occupait l'autre bout de la table. Lui aussi portait un uniforme ressemblant à la robe portée par le capitaine. Il avait un agréable visage brun de marin , avec une position flottante de la tête sur les épaules qui faisait penser à une bulle de savon posée au sommet d'un tuyau de pipe. Il n'y avait pas de dames . Un jour, j'aperçus le nez romain de Mme Colonel Bannister et ses cheveux gris ornés d'un grand bonnet de dentelle noire, flottant par intermittence pendant un moment ou deux dans la large trappe devant le siège de l'officier en chef, vers lequel descendaient les marches qui menaient au couchettes. Mais l'apparition disparut avec une soudaineté presque surprenante, comme si la vieille dame était tombée ou avait été violemment tirée en bas. Quand, plus tard, je m'informai d'elle, j'appris qu'elle s'était réfugiée dans sa couchette.

C'était un petit-déjeuner très inconfortable. Le navire roulait violemment et convulsivement sur les mers courtes et vives de la Manche, les plus insupportables de toutes les eaux lorsqu'elles étaient en agitation, faisant même du pin salé chevronné le long soulèvement rythmique régulier de la houle bleue de l'océan. Les violons empêchaient les assiettes de glisser sur nos genoux ; mais leur contenu ne devait pas être si facilement persuadé de conserver leur place ; une embardée inhabituellement lourde projeta une grande portion de foie et de bacon sur les genoux de M. Hemskirk ; et le chirurgien du navire, le Dr Hemmeridge , a failli être gravement échaudé par M. Johnson, l'homme de lettres, qui, en prenant une tasse de thé, a incliné le plateau oscillant. On ne parlait pas beaucoup, et le peu de paroles concernaient principalement l'incident de la veille au soir.

« Capitaine », s'écria le jeune M. Fairthorne d'une voix efféminée (c'était, semble-t-il, le gentleman qui, la nuit dernière, avait appelé quelqu'un à étouffer l'ayah), « qu'adviendront- ils des pauvres Français ?

"Monsieur," répondit le capitaine Keeling d'une manière aussi raide qu'un marlin-spike avec son aversion pour le sujet, "je ne sais pas."

« Les Français, s'écria à haute voix le colonel Bannister, comme s'il dirigeait les manœuvres d'une compagnie de cipayes , sont les ennemis héréditaires de notre pays, et un Britannique ne se soucie jamais de ce qu'il advient d'eux.

« Boot ma larme, monsieur, » remarqua M. Hemskirk , « vous êtes un Britannique, oui, et vous êtes également un chrétien, et der Franchman C'est ton frère .

'Mon quoi?' rugit le colonel. « Dites -vous ce que c'est, M. Hemskirk : c'est une bonne affaire que vous ne puissiez pas prononcer notre langue, sinon vous pourriez parfois, monsieur, devenir offensant. »

Mynheer , qui semblait avoir déjà connu ce petit homme explosif, essuya la graisse sur ses lèvres avec une serviette et jeta un clin d'œil à M. Greenhew , dont le visage de ressentiment face à cette familiarité m'a fait entrer dans un tel état d'esprit. un rire immodéré qu'il n'y avait qu'à sortir de table.

J'ai trouvé une véritable image de la Manche qui s'étendait autour de moi lorsque j'ai gagné le pont ; un ciel gris, éclairé par endroits d'une sorte de diffusion de rayonnement qui faisait penser au bronze rouillé qui s'attardait au sillage d'un coucher de soleil expiré. À l'exception de ces défauts de lumière terne, il n'y avait aucune interruption visible dans le large regard froid et chauve du ciel au-dessus de nos têtes de mât. Le vent fort était sec, mais l'horizon était épais avec un air de pluie tout autour ; et sortant de l'étouffement du sud, la mer roulait dans des hauteurs d'un vert foncé, riche d'écume crémeuse, qui semblait en quelque sorte satisfaire l'œil, comme si chaque crête mousseuse était un rayon de soleil. Il y avait un demi-mille au vent de nous, titubant, coulant et s'élevant sous un fragment de grand-voile rouge ; mais il n'y avait rien d'autre à voir de cette façon.

Le vent soufflait librement pour nous – presque de travers, en fait ; et la *comtesse Ida* le parcourait de manière à faire battre plus vite le cœur à la première vue du tableau qu'elle faisait. Le hunier était placé sur le grand hunier à ris unique ; toute la voile d'avant était sur elle, et, avec les autres huniers et une ou deux trinquettes, elle déchirait le grand navire à travers les courts et sauvages amas d'eau avec une puissance qui faisait penser à la vapeur comme insignifiante en comparaison. Le gaillard d'avant était mouillé d'embruns. La cheminée de la cuisine fumait gaiement, et de partout autour de la chaloupe retentissaient les bruits chaleureux de la ferme : grognements de porcs, bêlements de moutons et caquetements de poules. Il y avait une bande de matelots aux pompes, et tandis qu'ils actionnaient les freins avec leurs bras nerveux et nerveux, leur chant résonnait avec le jaillissement de l'eau coulant librement jusqu'aux dalots et retombant sur leurs pieds à chaque roulis au vent. D'autres marins travaillaient sur les caronades, ou nettoyaient la peinture avec des brosses à récurer, ou enroulaient du matériel sur des épingles, et ainsi de suite, et ainsi de suite. Il était huit heures passées, et tout le monde était sur le pont, et ils avaient l'air d'une belle tenue , bien que la plupart d'entre eux soient blottis dans des cirés noirs ou jaunes . Les navires naviguaient avec des compagnies complètes à cette époque, et sans la minceur de nos munitions, il aurait été facile de s'imaginer à bord d'un navire de guerre lorsqu'on promenait ses yeux sur les ponts de la *Comtesse Ida* et qu'on comptait les passagers. l'équipage, et marquait le boucher et les compagnons bouchers, le cuisinier et *ses* camarades, le boulanger et *ses* camarades, le charpentier et *ses* camarades, allant et venant, et faisant une très belle promenade aux alentours de la galère.

Le second, chaudement vêtu, arpentait le côté exposé au vent de la poupe, envoyant de nombreux regards d'air vers la mer, en levant fréquemment les yeux vers la toile arrondie et dure comme le fer ; tandis que sur le sillage blanc et brillant du navire, rugissant et bouillonnant vers le haut, semble-t-il, jusqu'à la voûte de l'immense comptoir carré de l'Indiaman, les figures des deux marins à la grande roue se détachaient nettement comme des camées, avec les larges cuivres. une bande sur le cercle reflétait sourdement un espace de lumière cuivrée dans le ciel au-dessus de la vergue du hunier d'artimon, et le capot nouvellement poli de l'habitacle luisait comme s'il avait été touché par le soleil. Deux aspirants de marine en cabans et boutons de cuivre, de jeunes coquins aux cheveux bouclés, avec un esprit de malice brillant dans chaque regard qu'ils envoyaient, patrouillaient du côté sous le vent de la dunette ; et au sommet de l'artimon, il y en avait deux autres, avec encore un autre gaillard aux longues jambes qui jouait sur un éperon des arbres croisés, avec son pantalon ample cliquetant comme un drapeau ; mais je ne saurais dire quel était son travail. Les planches de ce pont étaient aussi blanches que le tronc d'un arbre fraîchement dépouillé de son écorce. Quatre beaux quarter-boats se balançaient sur les bossoirs. Le long de la rampe, de chaque côté, s'alignait une rangée de poulaillers, à travers les barreaux desquels les têtes de coqs et de poules allaient et venaient dans une sorte de clin d'œil, comme une rapide apparition et retrait de haillons rouges. Sur le rail, sur une distance considérable, étaient arrimées des bottes de foin compressé, dont l'odeur était une véritable énigme pour l'odorat, car elle arrivait sous le violent souffle du vent salin. Les lucarnes blanches brillaient à travers les subtilités du fil de laiton qui les protégeait. Derrière la roue, de chaque côté, leurs gueules tordues regardées aveuglément par les sabords fermés destinés à les recevoir, se trouvaient deux pièces de dix-huit livres ; car à cette époque les Indiens étaient encore armés ; pas lourdement, en effet, comme lors des temps de guerre d'une période antérieure, mais avec suffisamment d'artillerie et d'armes légères pour lui permettre de disputer avec quelque promesse de succès le picaron qui était encore à flot, dont le drapeau malin formait les eaux brunies de la mer. Les Antilles encore réfléchies, et dont l'aimable compagnie d'assassins se rencontrait aussi souvent sous les hauteurs africaines et sud-américaines que dans le canal du Mozambique, ou plus à l'est encore sur la vaste surface de l'océan Indien.

J'ai traversé le pont jusqu'à l'endroit où se dirigeait M. Cocker et lui ai demandé s'il pouvait me dire à quelle partie de la côte anglaise se trouvait actuellement notre navire.

« En s'appuyant sur le Revenant, monsieur, » répondit-il, avec une sorte de regard tâtonnant dans les petits yeux bleus humides, il tourna la proue sous le vent dans l'épaisseur au-delà.

« Eh bien, de toute façon, nous le traversons, dis-je. Je n'aurais pas dû autoriser ces talons pour une structure imaginable née avec des arcs tels que la *comtesse Ida* . Qu'est-ce que c'est?' » demandai-je en jetant un coup d'œil au large éblouissement de la levure dansant, fouettant et se jetant sur le grand côté de l'Indiaman contre le choc de la vague météorologique.

« Ce sera tous les huit », répondit le second officier : « ce serait dix si elle s'était libérée de l'emprise des débardeurs. Elle veut la grand-voile et la voile avant . Ces vieux seaux sont faits pour grincer, et pendant qu'ils grincent, ils tiennent, dit-on.

Son visage se plissa en un sourire qui lui fit paraître vingt ans de plus sous le chaume de son sou' -west frisé jusqu'à ses sourcils, avec les larges rabats sur ses oreilles comme un dernier verre sur lequel son casque de mer pouvait s'asseoir.

« Je vous prie, monsieur Cocker, dis-je, le navire a-t-il subi des dommages lors de la collision de la nuit dernière ?

"Il n'y avait pas le moindre fil de corde séparé", répondit-il. « J'ai regardé pour voir la vergue jaillir, car c'est probablement ce mât, je pense, qui a entraîné les mâts du lougre par-dessus bord par les haubans. Mais c'est aussi sain que n'importe quoi d'autre à bord du navire.

Il se déplaça avec inquiétude, comme pour s'enfuir, et, tournant la tête, j'aperçus le capitaine qui regardait dans l'habitacle. Alors, ayant déjà eu assez du jeu, je suis descendu pour fumer une cigarette dans la niche douillette, où j'ai trouvé M. Emmett dans un long manteau, comme ceux que portaient les assassins mystérieux et les nobles renégats au Théâtre de Coburg, en train de sucer un grande pipe en écume de mer frisée, et discutant au sujet de la longitude avec un petit homme presque nain, un pygmée honnête et très intelligent, à tête de géant appuyé sur les jambes d'un garçon de six ans, un petit être aimable et sérieux, avec une astuce pour regarder votre visage avec mélancolie. Son nom était Richard Saunders : et j'ai compris par la suite qu'il se rendait en Inde au nom d'une société pharmaceutique, pour recueillir des informations et des exemples de médecines hindoues et autres, de drogues, de charmes, etc.

Eh bien, toute la journée, il a continué à souffler un vent très fort. La plongée du navire s'accentua à mesure que la Manche s'ouvrait sous sa proue et laissait passer une partie du poids de l'Atlantique dans le courant de ses mers. Il y avait un jet constant d' embruns au-dessus du gaillard d'avant, et l'eau arrivait en sanglotant ; les dalots sous le vent jusqu'à l'endroit où le front cuddy l'a vérifié sous l'échelle de merde. Très peu d'entre nous se sont réunis au déjeuner ou au dîner.

Pendant ce dernier repas, le colonel Bannister quitta la table et descendit, et après un intervalle, sortit par l'écoutille, avec sa grande femme à l'air distingué se tenant à lui. Mynheer Peter Hemskirk , en la voyant, s'écria : « Ah, Meestrees Bannister, boot dot iss vot j'appelle plooky !' et M. Johnson a failli se briser le cou en se levant les jambes alors qu'elle passait. Elle prit une chaise à côté de son mari et s'assit en regardant sombrement autour d'elle, ses lèvres pâles à cause de leur compression. Elle secouait la tête à chaque suggestion de l'intendant, puis, ne pouvant plus tenir, elle s'emparait de son petit bâton de mari et s'en allait en titubant et en roulant avec lui. À son retour, il jeta un verre de vin avec un geste de colère et un visage féroce, et regardant Hemskirk , s'écria : « J'ai un grand respect pour ma femme, monsieur, et c'est une femme bien dans tous les sens du terme. le mot. » — Le Hollandais hocha la tête. — « Mais, continua le colonel en serrant le poing, si jamais je reprends la mer avec une femme, qu'elle soit épouse, tante ou grand-mère, que je sois empoisonné pour un fou. , et mes restes engagés dans les profondeurs. C'est la quatrième fois que je le jure : mon esprit est désormais résolu !

De tout cela, on pourrait rire ici et là ; mais dans l'ensemble, c'était un travail désespérément fatiguant, et cela continua jusqu'à ce que nous fussions à l'abri des sondages. Dans l'ensemble, c'était une descente dans la Manche aussi odieuse que n'importe quel homme prierait pour être préservé ; l'atmosphère était grise, la mer était d'un vert boueux, le froid hurlant d'un matin de novembre, s'assombrissant souvent en une rafale, qui balayait entre les mâts en lignes horizontales de pluie scintillantes comme de l'acier, et avec assez de dépit dans leur lancement pour obliger le plus fort à lui tourner le dos. De temps en temps, une passagère apparaissait dans la câlin ; mais bien que nous soyons environ vingt-huit en tout, sans compter quelques ayahs, et un Chinois en costume de son pays, qui servait de nourrice au bébé d'une Mme Trevor, jamais dans ces jours-là, plus de sept d'entre nous n'avons fait plus de sept personnes en tout. nous, à l'exception du capitaine et de ses compagnons, nous asseyons pour un repas.

Le temps épais pesait lourdement sur l'esprit du capitaine, le tenait dans des accès d'abstraction à table, le renvoyait après une brève séance sur le pont et le maintenait attentif et taciturne pendant son séjour. Il avait eu une collision et n'en voulait pas d'autre ; et l'on remarquerait combien cette tragédie lui avait servi, en l'observant, dans la cuddy, dresser l'oreille au moindre bruit insolite sur le pont, jeter un coup d'œil à la boussole révélatrice au-dessus de sa tête, comme si c'était le soleil qui il avait patiemment attendu l'occasion de « tirer », d'avaler sa nourriture en faisant signe au steward de lui tendre la main avec impatience et de gravir les marches de la cabine sans un sourire ni une syllabe d'excuse pour nous avoir quitté la table.

CHAPITRE IV
LOUISE TEMPLE

MAIS il y eut enfin un changement. Ouessant se trouvait alors à plusieurs longues lieues en arrière, et la nuit avait été sombre mais calme, avec une longue houle de Biscaye débordant jusqu'à notre hanche tribord, et un jeu d'éclairs sous le vent, et un vent suffisant pour envoyer l'Indiaman à travers elle à environ six nœuds avec ses royals et son cross-jack enroulés et le point d'écoute météo de sa grand-voile relevé. C'était ce que montrait la photo lorsque je me couchais à cinq heures du matin - dix heures et demie - et en ouvrant les yeux le lendemain matin, je trouvai la couchette brillante de soleil, les cloisons et le plafond tremblant devant la gloire qui ondulait sur la mer à travers le grand rond-point. l'écoutille ou le hublot, et l'action du navire était un glissement majestueux, avec un lent et long soulèvement flottant qui ne provoquait aucun bruit de craquement ou de tension, et qui, après la longue période de culbutation , était tout aussi reconnaissant à tous les sens et à tous ceux qui étaient fatigués. les os comme la surface ferme et inébranlable de la terre ferme.

M. Colledge se rasait. Je suis resté quelques minutes à le regarder, admirant les beaux regards de ce jeune homme et pensant qu'il était dommage qu'une beauté aussi virile que la sienne manque de la touche consacrante d'une expression intellectuelle pour mettre en parallèle ses grâces physiques. Il m'a vu dans le verre dans lequel il se grattait.

« Bonjour, Dugdale . Je me sens à nouveau bien, tu sais. Je vais prendre mon petit-déjeuner dans la câline et ensuite monter sur le pont.

« Heureux de l'entendre », dis-je en mettant mes jambes par-dessus le côté de la couchette.

«Je suppose qu'il y aura des filles ce matin», dit-il. « Qui diable sont les passagers, je me demande ? Y a-t-il quelqu'un de très gentil à bord, sans compter cette déchirante jeune femme aux yeux noirs ?

« Presque tout le monde a eu le mal de mer comme vous, dis-je ; « et les rares qui ont fait leur apparition sont des hommes : votre ami Emmett, le gros Hollandais, et deux ou trois autres.

'Oh, tu veux dire Mynheer Hemskirk , le type corpulent, dont la voix ressemble à celle d'un homme dans un puncheon au rhum qui parle à travers la bonde.

dame aux yeux noirs .

« Quelqu'un m'a dit à Gravesend, répondit-il — mais je ne sais pas qui c'était — qu'elle était la fille de Sir Conyers Temple. Je pense avoir entendu mon père parler de lui comme d'un homme avec qui il avait chassé. Si c'est bien Sir Conyers, il s'est cassé le cou il y a quatre ans dans un course d'obstacles.

« Qui accompagne la jeune femme en Inde, je me demande ? dis-je.

« Sa tante, je crois ; mais je ne connais pas son nom. Mais je me demande : qu'est-ce qui vous rend si curieux ?

« Oh, mon cher Colledge , dis-je, on est toujours curieux de connaître les autres passagers à bord du navire. La jeune fille est venue me voir sur le pont l'autre soir, alors que la collision battait son plein. Je vois maintenant ses grands yeux noirs comme l'ébène, mais lumineux aussi, avec la flamme d'une torche sur le côté qui se reflète dans chaque magnifique orbe dans une tache de pourpre qui rendait son visage pâle et cagoulé aussi mystique qu'une vision de la nuit. .'

Il se tourna vers moi et éclata de rire. 'Donc! *tu* es le poète parmi les passagers, hein ? comme Emmett est le peintre ? Quelle sera ma *promenade* ? Oh, voilà la première cloche du petit-déjeuner ! Que le ciel nous bénisse, quel bonheur de ne pas avoir le mal de mer !

Nous avons continué à bavarder un peu de cette façon ; il quitta alors la couchette, et un peu plus tard je le suivis.

Le grand câlin portait un aspect qu'il n'avait jamais exposé auparavant. Le soleil brillait sur les lucarnes et l'intérieur était plein de l'éclat bleu et argenté du riche et bienvenu matin d'automne dehors. La longue table était toute illuminée par les meubles d'argent et de cristal du damas blanc, et à travers les coupoles vitrées du pont supérieur , on pouvait voir la toile de l'artimon se gonfler d'une douceur laiteuse de vergue en vergue à mesure que les voiles montaient à la hauteur. du tendre petit royal.

Les passagers venaient du pont ou d'en bas les uns après les autres ; le changement de temps avait agi comme un charme, et nous étions maintenant tous là, à l'exception d'une vieille dame , avec un aperçu des deux ayahs prenant le soleil sur le gaillard d'avant. Le capitaine, l'air un peu fade, comme s'il avait trop travaillé toute la nuit, mais assez intelligent dans la supercherie en pain d'épice de son uniforme, fit un petit discours de compliments aux dames et messieurs du haut de la table. Il y avait chez ce vieil homme une courtoisie qui ne gagnait pas peu en agrément grâce à une sorte de saveur de mer profonde dans ses manières et dans les expressions variées de son visage. J'ai aimé la qualité de l'arc avec lequel il accompagnait sa réponse à toute dame qui s'adressait à lui.

Je m'assis au bas de la table, à la droite de l'officier en chef, et je pus avoir une assez bonne vue des personnes avec lesquelles je devais être associé, comme je pourrais le supposer, pendant les trois ou quatre prochaines années. et peut-être cinq mois. Il y avait plusieurs filles parmi nous : deux Miss Joliffe , trois Miss Brookes , Miss Hudson et quatre ou cinq autres. Miss Hudson était extrêmement jolie – des cheveux d'or foncé et une peau délicate comme un lys, sur laquelle s'étendait une sorte de teinte dorée – oh, n'appelez pas ça des taches de rousseur ! même si j'ose dire que l'effet charmant a été produit par quelque chose de ce genre. Ses yeux étaient grands, humides, violets, avec des sourcils légèrement relevés, ce qui leur donnait un air arqué. M. Sylvanus Johnson, qui était assis à côté de moi, après l'avoir regardée un peu, murmura à mon oreille d'une voix dramatique : « Perdita a exprimé cette fille, monsieur :

Les violettes s'éteignent,

Mais plus doux que les paupières de Junon

Ou le souffle de Cythérée .

« Si c'est sa mère à côté d'elle, dis-je, fixez votre attention sur elle, M. Johnson, et l'imagination de Perdita expirera !

Et en effet, Mme Hudson présentait un contraste très extraordinaire, et je peux dire violent, avec sa fille : une dame trapue d'une cinquantaine d'années, avec une lèvre inférieure épaisse , des joues gonflées d'une teinte bleuâtre et une perruque dont la teinte juvénile. définissait chaque trace d'âge sur son visage, au point qu'on pensait qu'elle avait quelques dizaines d'années de plus qu'elle ne l'était réellement.

Mais l'intérieur a été merveilleusement humanisé par ces dames. Leur tenue vestimentaire, l'éclat des bijoux à leurs oreilles, sur leurs doigts et sur leur gorge, ici et là un turban posé haut sur quelque tête maternelle - c'était l'époque des turbans et des plumes - les notes douces des filles parcourant un fond de musique. les voix plus graves des matrones et les grognements de nous, les mâles, grommelant notre conversation à travers la table, ramenaient l'imagination à terre et faisaient penser aux salons, aux guitares et aux Livres de Beauté.

Il y a cependant une dame qui a retenu mon attention dès le début. Elle était Miss Louise Temple, et je ne peux pas exprimer à quel point l'admiration que ses charmes m'excitaient . Je vous ai dit que je l'avais aperçue à Gravesend ; mais, jusqu'à présent, je n'avais pas pu la bien voir. Ses cheveux qui, à en juger par leurs boucles, une fois détachés, auraient atteint jusqu'au-dessous de ses genoux, étaient d'une merveilleuse noirceur, sans éclat ni mort. Elle le portait d'une manière tout à fait nouvelle à cette époque : en torsades qui l'entassaient jusqu'à l'aspect d'une couronne ; tandis que derrière, il était brossé de manière à montrer la belle forme de la tête depuis la courbe du cou jusqu'à l'endroit où les belles tresses étaient empilées. Son visage était parfaitement incolore , le teint clair et la peau d'une délicatesse exquise. Sa bouche était petite, la lèvre supérieure légèrement courbée, et il y avait une trace de moue dans la saillie faible et à peine perceptible de la lèvre inférieure. Son nez était parfaitement droit, comme celui d'une femme grecque ; mais il avait le retrait anglais sous le front, et avait donc la beauté qu'à mon imagination aucun profil grec n'a jamais possédée.

Mais ses yeux ! Comment puis-je les décrire ? Quelle impression puis-je espérer transmettre par des termes tels que grand, noir, doux et fluide ? Les paupières étaient délicatement veinées , les cils longs, et entre ces franges les yeux brillaient d'une beauté liquide et sombre, pleins de lumière, me semblait-il, d'une haute intelligence, avec de l'entrain et de la hauteur dans chaque regard. C'étaient les deux étoiles scintillantes les plus dramatiques, je n'entends pas par là théâtrales, qui aient jamais scintillé comme des étoiles sous la beauté d'un front de femme ; créé, aurait-on pu penser, pour l'interprétation des imaginations shakespeariennes, avec toute la capacité de surprise, de mépris, de ressentiment, de tendresse fondante et de toutes les passions belles et nobles. Elle était vêtue d'une robe de drap noir, simple comme une tenue d'équitation d'aujourd'hui, et si ajustée à sa silhouette qu'elle exprimait sans exagération chaque point de grâce dans les courbes et la plénitude de sa silhouette haute mais toujours vierge.

J'ai croisé son regard un instant : je suis sûr qu'elle se souvenait de moi comme du passager auquel elle s'était adressée sur la dunette ; pourtant, il n'y avait pas la moindre expression de reconnaissance dans le regard complet, ferme et rapide avec lequel elle m'honorait . Elle détourna le regard de moi avec autant de hauteur qu'une reine, avec une inspection éclair des autres membres de la rangée qui lui faisait face, même s'il me sembla que son regard s'attardait un peu sur l' honorable M. Colledge , qui était assis juste en face.

«Je pense maintenant», murmura M. Prance, en se penchant vers moi sur sa chaise depuis son poste transversal au pied de la table, «que là-bas, Miss Temple parlera de la plus belle femme qui ait jamais existé à flot.»

« Il y a eu plusieurs milliers de femmes à flot, dis-je, depuis que Noah a appareillé avec les dames de sa famille à bord.

« Je navigue sur des navires à passagers, dit -il , depuis dix-neuf ans, le mois prochain, et je n'ai jamais vu une figure de proue telle que celle de Miss Temple. Quelles dents elle a ! De petites dents, monsieur, comme devraient l'être toutes les femmes ; et où est la blancheur qui leur est comparable ?

« Qui est cette femme simple et au visage agréable assise à ses côtés ?

«Sa tante, Mme Radcliffe», répondit-il.

« Quelle mission amène cette majestueuse créature en Inde, le savez-vous, M. Prance ? »

« Je ne le fais pas, monsieur. »

« Il est peu probable, continuai-je, qu'elle parte à la recherche d'un mari.

«Non, non», marmonna-t-il. « Ceux comme elle ont un marché assez grand chez eux pour pouvoir le commander. Pas besoin pour *elle* de traverser l'océan pour trouver un amoureux. C'est la fille d'un baronnet mort, un dixième titre, disait le capitaine ; et sa mère possède un grand domaine pour vivre. Le capitaine Keeling sait tout à leur sujet. Sa Seigneurie a été saisie de paralysie lorsque son mari a été ramené à la maison avec le cou cassé, et depuis lors, elle est devenue un véritable monstre, je crois, la pauvre . Nous avons amené Mme Radcliffe en Angleterre lors de notre dernier voyage. Son mari est un gros planteur dans la campagne, et il vaut un lac ou deux. Je m'attends à ce que Miss Temple parte en visite, rien de plus. Sa santé nécessite peut-être un voyage. Ces éléments de mécanisme de choix tournent souvent mal dans leurs travaux. Elle veut une touche de couleur sur ses joues. « C'est l'odeur de la laitière qui lui manque, monsieur.

Il fit un signe de tête agréable, se leva doucement et monta sur le pont par la proue douillette pour relever le second officier qui surveillait le navire pour lui pendant qu'il déjeunait.

Lors d'un premier repas comme celui-ci, pour ainsi dire, alors que, sauf un, nous nous étions tous réunis pour la première fois, la réserve et la timidité britanniques ne manquaient pas. Nous nous contentions surtout de regarder. Le colonel Bannister seul parlait librement ; il était bruyant au sujet des griefs de l'armée, et était en effet rendu intolérablement fluide et bruyant par l'attention respectueuse qu'il recevait d'un monsieur qui était assis en face de lui, un certain M. Hodder, un homme grand, mince, nerveux, au visage jaune. , avec un paralytique qui reprenait son souffle dans son discours, qui se rendait en Inde pour occuper quelque poste de responsabilité dans un collège. Mme Bannister, avec son nez en bec, ses cheveux gris et sa silhouette pleine, se tenait debout, mangeant avec avidité et balayant les visages autour d'elle d'un petit œil sévère.

J'ai observé la petite Mme Radcliffe avec attention. Il n'était pas difficile de deviner qu'elle était un corps aimable, agité et anxieux, aux propriétés d'esprit élastiques, facile, mais seulement temporairement, à réprimer . Elle parla rapidement à sa nièce, lançant ce qu'elle avait à dire à l'oreille de la jeune fille, avec un brusque retrait de la tête et un regard sérieux sur le visage de Miss Temple. L'autre souriait parfois légèrement, mais la plupart du temps, son air était celui d'une abstraction hautaine. En fait, il était facile de voir que, en ce qui concerne son opinion sur ses compagnons de voyage, elle n'était pas tout à fait flatteuse pour la plupart d'entre nous.

C'était en effet une noble matinée sur le pont. Il y avait une longue houle bleue venant du nord, silencieuse comme le soulèvement et la descente de la poitrine d'un dormeur, et les boutons blancs des camions du navire, brillant comme de l'argent sur le bleu humide du ciel, se balançaient si lentement et tendrement vers et c'est pourquoi on pouvait presque les observer sans percevoir aucun mouvement. L'océan était d'un bleu profond , tout à l'est, scintillant sous le soleil, et les petites vagues nous poursuivaient avec une voix d'été dans le bouillonnement caressant de la neige de leurs têtes contre les flancs de l'Indiaman. Le navire avait des voiles à clous, et sous ces ailes en surplomb, l'eau tremblait en raison de l'éclat qui tombait des tissus gonflés, comme s'il y avait là une minceur flottante de vif-argent, prismatique comme une bulle de savon.

Très peu de temps après le petit-déjeuner, la crotte fut remplie et je vis les Jack en avant, regardant vers l'arrière en nous voyant tous. Il ne faisait pas assez chaud pour installer un auvent, et la brise, chaude au coucher du soleil, était encore trop forte pour permettre aux dames de rester assises pendant un certain temps. L'image était joyeuse, pleine de mouvement, de vie et de couleurs . Le patron à tête blanche, embroché dans son costume boutonné et ceinturé redingote , patrouillait du côté exposé du pont avec Mme Radcliffe à son bras. M. Emmett arpentait les planches avec Mme Joliffe et ses filles, et je pouvais l'entendre leur demander d'admirer le contraste entre les ombres violettes dans les creux des voiles et l'éclat délicat des bords sur le bleu, comme à ces extrémités. ils se sont dissous dans un pur éclat . Le petit M. Saunders trottait aux côtés de la forme orbiculaire de Mynheer Hemskirk , qui apparaissait comme un géant alors qu'il regardait le visage sérieux et souriant du petit bonhomme à grosse tête . Trois jeunes fonctionnaires se prélassaient sur un poulailler, regardant les jeunes dames d'un air interrogateur et riant dans leur barbe de ce que l'une ou l'autre d'entre elles disait. Près de la lucarne la plus avancée se tenaient M. Johnson et le colonel Bannister. Il n'était pas nécessaire d'écouter attentivement pour comprendre que le colonel ne répondait pas à la vocation du journalisme et que M. Johnson s'efforçait de la défendre en répétant sans cesse : « Certes, je l'admets, je ne vais pas dire non; mais permettez-moi de vous demander : où serait votre profession, monsieur, si ses actions n'étaient pas relatées ? Il répéta ces propos jusqu'à ce que le colonel soit en chaleur blanche, et je dus m'éloigner pour cacher mon rire.

Alors que je passais devant l'écoutille des compagnons, qui, comme vous voudrez le comprendre, est l'entrée à capuchon du cuddy par la merde, Miss Temple en sortit, suivie de près par M. Colledge . Il y avait comme un sourire sur son visage pâle, et il parlait avec animation. Elle portait un chapeau noir, large à bords, entouré d'une grande plume noire, et une sorte de veste ornée d'une riche garniture de fourrure sombre. J'étais suffisamment proche pour les entendre alors qu'ils émergeaient.

«Je me souviens très bien que mon cher père parlait de Lord Sandown», dit-elle en s'arrêtant au haut des marches et en jetant un regard étincelant sur les ponts. « Lady Isabella FitzJames n'est-elle pas une de vos tantes, M. Colledge ?

'Oh oui. J'espère que vous ne la connaissez pas, répondit-il. « Elle écrit des livres, vous savez, et se croit pleine d'esprit ; et sa conversation est aussi desséchée que le gâteau aux graines qu'elle me donnait quand j'étais petit.

«Je l'ai rencontrée», dit Miss Temple. «Je l'aimais plutôt. Peut-être qu'elle néglige d'être intelligente en compagnie de son propre sexe.

« Vous êtes déjà allé en Inde auparavant ? » Il a demandé.

"Non", répondit-elle d'une voix dont la note d'affabilité n'adoucit en rien son regard hautain envers les passagers qui passaient. « J'oblige entièrement ma tante en entreprenant le voyage. Mon oncle est très vieux et trop infirme pour faire le voyage en Angleterre, et il tenait extrêmement à ce que ma mère et moi passions quelques mois avec lui. Bien sûr, c'était une invitation ridicule pour la pauvre maman. Vous savez qu'elle est infirme et impuissante, M. Colledge .

« Oh, en effet. Je ne savais pas. Je suis vraiment désolé, j'en suis sûr, dit-il.

« Je ne resterai pas longtemps, » continua-t-elle ; « très probablement, je reviendrai sur ce navire.

« Par George, cependant, j'espère que vous le ferez ! il s'est excalmé. «Je suis également prévu de rentrer à la maison chez elle. Il y aura plus de tournages dans trois mois que je n'en souhaiterai, vous savez. J'ai l'intention d'empoter quelques tigres et de m'essayer à un ou deux éléphants sauvages. Par Jupiter, Miss Temple, si vous me le permettez, vous aurez la peau du premier tigre que je tuerai !

« Oh, vous êtes trop bon, M. Colledge », dit-elle avec un sourire tremblant sur ses lèvres entrouvertes, levant la main tout en parlant pour lisser une mèche de cheveux de son front avec des doigts qui scintillaient d'anneaux ; mais ses yeux étaient plus brillants que n'importe laquelle de ses pierres précieuses ; ils se tournèrent à cet instant vers moi tandis que je la regardais un peu au-delà du mât d'artimon, et il y avait quelque chose d'insolent positif dans le bref regard qu'elle me fixait ; le léger sourire disparut jusqu'au recourbe de sa lèvre supérieure alors qu'elle tournait la tête.

Voilà , ma belle madame, pensai-je, votre manière de considérer tout ce qui ne se trouve pas dans la pairie.

Colledge , qui avait suivi son regard, m'a aperçu.

« Oh, Dugdale , s'écria-t-il, pouvez-vous me dire quelque chose sur la peau des tigres ? combien de temps il faut pour les transformer en tapis et tout ce genre de choses, vous ne savez pas ?

— Je ne peux rien vous dire sur les peaux de tigres, dis-je sèchement. «Je n'ai jamais vu de tigre.»

« Vous savez quelque chose sur les peaux de lions, alors ? » » a-t-il chanté avec un demi-sourire, destiné, comme mon caractère l'imaginait, à Miss Temple.

« L'âne de la fable s'en est vêtu, je crois, dis-je, mais son rugissement l'a trahi.

« Maintenant, j'y pense, dit-il, je crois qu'il n'y a pas de lions en Inde ; et il me regarda tour à tour avec la jeune fille avec un visage interrogateur si plein de bonne humeur qu'il me convainquit qu'au fond, il était un jeune homme de nature bienveillante.

«Je pense que je vais marcher, M. Colledge », dit Miss Temple.

Ils rejoignirent les gens qui se promenaient sur le pont exposé , et j'allai dans le renfoncement sous la dunette pour fumer la pipe.

Je m'appuyai d'un air boudeur contre la cloison. J'avais le sentiment d' avoir été snobé . J'étais un jeune homme à cette époque, d'une nature inconfortablement sensible. Pourtant il aurait dû y avoir assez de vertu, en cette glorieuse matinée, pour apaiser dans l'âme une piqûre plus vive que celle que pourrait infliger le regard méprisant d'une belle femme. La légère inclinaison du navire par rapport à la douce brise montrait un espace au-dessus des bastingages du pavois de l'azur étincelant sous le soleil se fondant dans le délicat bleu argenté du ciel, avec un petit point blanc en forme d'étoile dans le ciel lointain et aéré. éblouir, marquant les tissus les plus hauts d'un navire là-bas. Les planches blanches sous mes pieds avaient l'aspect luisant du sable, maintenant que les ponts avaient été lavés, et avaient séché jusqu'à devenir un glaçage d'elles-mêmes, pour ainsi dire, avec de minuscules cristaux de saumure. Les ombres du gréement en lignes noires d'encre se balançaient endormies au rythme du mouvement du tissu. La nourrice chinoise, en robe bleue et large pantalon bleu, le visage couleur de primevère et la queue luisante comme un serpent noir mort couché sur le dos, s'appuyait contre une caronade, jetant le petit bébé dont il avait la charge jusqu'au la petite douce dodue chantait à nouveau avec délice. Sur la bâche chaude au-dessus de l'écoutille principale étaient assis les deux ayahs, chantonnant sur les nourrissons qu'ils tenaient, levant souvent les yeux, comme des perles d'indigo non poli collées dans des morceaux de savon chiné, vers la dunette, où se trouvaient les mères de leurs enfants. Il y avait dans l'air un goût de bulle, avec le léger goût d'un réchaud en bambou et de cordes en noix de coco . La bulle-bulle, j'imagine, était une fantaisie provoquée par le spectacle de ces visages noirs, et aidée par un bruit de perroquets quelque part à l'arrière.

Une longueur de voile était tendue le long de la taille, et dessus étaient assis plusieurs marins, brandissant leurs paumes et leurs aiguilles pendant qu'ils cousaient. Ils parlèrent ensemble à voix basse pour que le second de quart ne les entende pas. Chez l'un des gars qui était assis face vers moi, je me suis retrouvé à regarder comme une curiosité qui attire lentement l'attention, malgré toute humeur insouciante dans laquelle vous pourriez être . J'ai rencontré beaucoup de marins laids à mon époque, mais jamais comme celui-là. Son œil droit avait un aspect lamentable ; son dos était si rond que j'imaginais qu'il avait une intuition. Il avait des bras extrêmement longs et forts, avec d'immenses poings aux extrémités, et les manches de sa chemise retroussées au-dessus de son coude révélaient une vingtaine de dessins extraordinaires à l'encre de Chine se tordant parmi les cheveux qui reposaient par endroits comme de la fourrure sur la chair. . L'arête de son nez avait été écrasée jusqu'à son visage, et un simple bouton percé de deux trous dépassait d'environ un pouce au-dessus de son bec de lièvre . Bien qu'il s'agisse manifestement d'un vieux marin, salé pour l'usage du navire par des années de navigation, son teint était terne et pâteux comme la peau d'un boulanger londonien, sans rien de distinctif hormis un certain nombre de verrues et un énorme grain de beauté sur une crête. de sourcil écarlate parsemé de quelques poils gris. Ses cheveux, d'un grossier rouge brique , pendaient sur son dos, comme si, en réalité, le cuisinier du navire lui avait confectionné une perruque avec des rognures de carottes. En effet, il était autant un monstre que tout ce qui était enfermé dans une cage et transporté comme un spectacle .

Je l'observais avec un intérêt croissant, me demandant quel genre de vie une telle créature avait mené, sur quel genre de navires il avait navigué principalement, et comment un objet aussi grotesque avait pu « s'engager » pour un voyage. Indiaman, dans lequel on pourrait s'attendre à trouver quelque chose d'uniformité de navire de guerre et d'équipage intelligent, lorsque M. Sylvanus Johnson sortit du cuddy, faisant rouler un cigare éteint entre ses lèvres.

« Vous voyez ce type assis sur la voile là-bas ? dis-je, c'est un bon sujet pour un article de fond, M. Johnson.

« Oh, c'est foutu, M. Dugdale ; pas de ricanement, s'il vous plaît. Laisse-moi allumer ce cigare à ta pipe. Ce type est sur le chemin d'Emmett, pas sur le mien. Tout un triomphe de hideur, je proteste. Mais qu'as-tu, en cette belle matinée ? Vous avez l'air un peu déprimé, M. Dugdale . Je n'aurai pas le mal de mer, j'espère, maintenant que nous sommes tous rétablis ?

'En bas de la bouche? Pas moi. Mais je vais vous dire, M. Johnson : lorsque vous prendrez en charge votre journal, aurez-vous la bonté d'informer le monde qu'il n'y a rien sous le grand ciel de plus insipide que le bavardage d'un jeune homme. un homme et une jeune femme lors de leur première rencontre.

« Pourquoi, comment maintenant ? » a-t-il dit.

« Oh, mon cher monsieur, m'écriai-je, écoutez-les. Les bêtises indescriptibles de tout cela – les « vraiment », les « oh mes chers » et les « oui, tout à fait » —

« Oui », a déclaré M. Johnson en regardant les cendres de son cigare après chaque bouffée ; « Je pense que je sais ce que tu veux dire. Mais c'est un effet de politesse, je crois. Un jeune homme et une jeune femme qui désirent plaire commenceront très bas l'un avec l'autre, de peur qu'ils ne se révèlent déconcertants. Mais que dites- vous (il baissa la voix) des bavardages, comme vous dites, d'un homme d'un âge avancé ? — d'une personne qui a vu le monde — d'un colonel, en un mot ? Je souhaite être en bons termes avec mes compagnons de voyage ; mais si cet homme Bannister continue comme il a commencé, j'ai peur… j'ai peur que cela finisse par me forcer à lui tirer le nez.

Il jeta un autre regard nerveux au cuddy et fronça les sourcils en regardant le bout de son cigare.

« A-t-il été offensant ? » dis-je.

« Eh bien, juge, s'écria-t-il, quand je vous dis qu'il a dit qu'il n'y avait pas d'homme respectable lié au journalisme ; que la vocation était clairement ivre ; que son idée du journaliste était celle d'un homme couché dans son lit jusqu'à ce que sa seule chemise sorte du lavage, et inventant des mensonges à publier au monde lorsque la blanchisseuse lui permet de s'habiller. — « Et priez, monsieur, » dis-je. , se moquant de lui, « que saurait le pays de vos réalisations militaires sans le journaliste ? Vous, messieurs de l'armée, prétendez le mépriser ; mais vous vous lèverez très tôt pour acheter son journal si vous avez l'impression qu'il y sera fait mention de vos actes. » — C'était plutôt chaleureux, je pense ?

« Plutôt, dis-je ; 'Et qu'est-ce qu'il a dit?'

"Il a répondu que si un autre homme que moi avait dit cela, il lui aurait dit d'aller se damner."

« Eh bien, dis-je, j'espère que les passagers pourront se montrer sympathiques, j'en suis sûr. Pour ma part, il est plus probable qu'improbable que mon lieu de résidence, tant que le temps le permettra, sera l'avant-toit. Tout pour ne pas entendre la fadeur d'une conversation entre un jeune homme et une jeune femme lors de leur première rencontre.

« Je vois, dit-il, que votre ami Colledge s'est accroché à Miss Temple. Je devrais dire qu'il doit être le fils d'un noble pour progresser auprès d'une Cléopâtre telle que Madame. De beaux yeux, peut-être ; mais un peu pâle, hein ? Donnez-moi Miss Hudson. Je n'admire pas le côté ricanant du sexe.

«Moi non plus», dis-je.

« Mais chaque femme, dit- il, a sa manière de faire l'amour. Certains se moquent de l'affection d'un homme, et certains triomphent par le mépris et le mépris. Vous souvenez-vous de la façon dont la duchesse de Cleveland a fait l'amour avec Wycherley ? Elle passa la tête par la portière du car et lui cria : « Monsieur, vous êtes un coquin, vous êtes un méchant ! et Pope nous dit qu'à partir de ce moment, Wycherley entretenait des espoirs.

Mais à ce moment-là, ma pipe était éteinte ; et apercevant Mynheer Hemskirk et un passager nommé Adams, un avocat, descendant l'échelle avec l'idée, comme je peux le deviner, de nous rejoindre dans le renfoncement qui était le seul fumoir du navire, je me précipitai en avant, montai sur le gaillard d'avant et surplombai le rail, où je restai allongé pendant une longue demi-heure, appréciant paresseusement la vue de l'immense cutwater de l'Indiaman déchirant la surface bleue brillante, avec une claire levée d'eau azur de chaque main d'elle, qui se brisa en un petit courant d'écume à la hauteur. des têtes de chat, et grouillaient tranquillement à l'arrière dans des cloches d'écume et des bulles clignotantes, qui faisaient penser à l'écume au pied d'une cascade glissant le long de la poitrine cristalline d'un ruisseau au murmure des feuilles d'été et de la corne. -comme un bourdonnement d'insectes.

CHAPITRE V
UNE VOIX MYSTÉRIEUSE

EH BIEN, toute la journée, le temps fut beau et clair ; en effet, nous aurions pu être sur les parallèles de Madère ; et j'ai dit à M. Prance que c'était suffisant pour qu'on fasse un guetteur brillant pour les poissons volants. Le ciel était d'une merveilleuse douceur de bleu, pie pour l'essentiel, avec de petites bouffées de nuages ressemblant à de la neige volant bas, comme s'il s'agissait d'un brouillard qui s'était dissipé. Un grand navire noir nous a dépassé dans l'après-midi. Il était au près et, étant sous le vent, il se montrait parfait lorsqu'il arrivait de front. Ses voiles semblaient être formées de tissu de coton et montées en trois flèches sur de petites voiles aériennes, avec une foule de focs laineux courbés au bout-dehors et aux bômes , et de nombreuses voiles d'étai entre les mâts doucement ombragées comme un dessin au crayon. L' éclat qui s'élevait sur la mer se répercutait sur une rangée de seau, et l'éclat du verre ressemblait tellement à la flamme jaune d'un fusil qu'on se tournait vers le viseur et qu'on tendait l'oreille un instant pour entendre le rapport.

Elle était trop loin pour pouvoir l'appeler. Le capitaine, debout au milieu d'une foule de dames , dit qu'elle était américaine et dit au second officier, qui avait la garde, de composer le numéro *de la comtesse Ida* .

« Oh, quelle jolie chaîne de drapeaux ! » s'écria Miss Hudson, qui se tenait près de moi, suivant de ses yeux violets languissants l'élan du bruant multicolore alors qu'il s'élevait jusqu'au bloc des drisses de signalisation du pic comme la queue d'un cerf-volant. "Y a-t-il quelqu'un de très important à bord de ce navire pour lequel nous lui rendons hommage avec cette jolie exposition ?"

"Non", dis-je en riant, alors que je laissais mon regard plonger dans les douces profondeurs de ses merveilleuses mirettes. « Au moyen de ces drapeaux, la *comtesse Ida* indique à ce vaisseau qui elle est, afin que lorsqu'elle rentrera chez elle, elle puisse nous dénoncer.

« Oh, comme c'est divin ! Pensez seulement à un navire construit pour dire son nom ! Oh maman, s'écria-t-elle en faisant un pas pour attraper la robe de sa mère et la retoucher, alors que la vieille dame se tenait au bastingage et regardait le navire américain depuis l'embuscade d'un grand bonnet en forme de charbon. -saborder; « Imaginez, ma chère : M. Dugdale dit que la *comtesse Ida* dit à ce navire qui elle est. Comme les hommes sont intelligents, surtout les marins. J'aime les marins.

Ses yeux fondants cherchaient le pont, et ses longs cils tombaient dans une tendre ombre de beauté sur la légère teinte dorée de ses joues.

« La, maintenant, pour y penser ! » s'écria Mme Hudson. "Eh bien, ceux qui descendent dans la mer, comme on dit, voient certainement des choses merveilleuses."

Ici, M. Colledge , qui ne savait pas, je suppose, que je conversais avec ces dames , s'est approché de moi et m'a dit : « Au fait, Dugdale , quelle était votre plaisanterie à propos de la peau de lion ce matin ? Miss Temple dit que c'était pour plaisanter ; mais pendez-moi si j'y vois un intérêt.

'Qu'est-ce que j'ai dis?' J'ai demandé.

Il répéta la remarque.

'Oh oui; — La jeune dame a raison, dis-je en lui lançant un regard tandis qu'elle se tenait près du volant, à côté de sa tante, toutes deux très éloignées du reste d'entre nous, regardant à travers une paire de délicates petites jumelles de théâtre le Yankee. ; 'C'était une blague. Quel souvenir capital vous avez. Mais quant au point, il n'y en avait pas, et la plaisanterie, mon cher, est là.

"Eh bien," dit-il, "ça fait un homme de se sentir idiot de rater une bonne chose quand une dame se tient à côté d'elle et peut le voir assez clairement pour en rire ensuite."

« Oui, m'écriai-je ; 'très vrai en effet. Quelle belle image ce navire fait, hein ? Voilà son fanion qui répond ! Qu'ils disent ce qu'ils veulent de Jonathan, il a un talent bien supérieur à l'art de John Bull en matière de construction navale.

J'ai regardé son beau visage pendant qu'il la regardait. Il s'est tourné vers moi et m'a dit : « Vous savez, il y a beaucoup d' humour dans l'idée que l'intérêt d'une blague réside dans le fait qu'elle n'a aucun sens ; et sur ce, il se dirigea vers Miss Temple, dont le visage hautain s'adoucit en un sourire à son approche ; et pendant un certain temps, ils restèrent tous les trois debout, il lorgnant l'Américain (qui glissait lentement dans des dimensions semblables à celles d'un jouet dans notre quartier) à travers les jumelles de la jeune fille ; pendant qu'elle parlait avec lui, comme je pouvais le constater au mouvement de ses lèvres, Mme Radcliffe regardait pendant ce temps avec des mouvements de tête agités et des regards fréquents vers sa nièce, dont le caractère nerveux, interrogatif et légèrement troublé m'était tout aussi suggestif. quant à la façon dont cela s'est passé entre eux, comme si elle était venue à mes côtés et m'avait dit qu'elle avait vraiment peur que le caractère de Louise ne fasse de sa charge une inquiétude et une perplexité.

Il y avait un noble coucher de soleil ce soir-là, à l'ouest s'étendait un délicat rideau de nuages liés en forme de coquille, avec des traits çà et là comme des queues de jument ; tandis que près de la ligne de mer, la vapeur était plus compactée, toujours liée, mais avec une enveloppe plus étroite , aussi semblable à une armure en chaîne qu'à tout ce à quoi je peux la comparer. Lorsque le soleil s'enfonçait dans cette exquise dentelle de vapeur , il illuminait toute sa surface de cent couleurs , qui transformaient tout le ciel occidental en une tapisserie des plus magnifiques et des plus éblouissantes. Je n'ai jamais vu auparavant un tel coucher de soleil. Sans le cercle visible de la masse rougeoyante de l'orbe, on aurait pensé que ces glorieuses teintes flamboyantes, ces émissions étonnantes et somptueuses de vert, d'or et de violet, de rose et de jaune brillant et de bleu brillant s'évanouissaient dans une texture inimaginablement délicate de vert. , une exposition phénoménale de splendeur électrique . La mer brillait sous ce vaste déploiement de magnificence occidentale en cinquante teintes superbes. Nous sommes tous restés à regarder, tandis que le merveilleux spectacle s'estompait lentement, le navire reflétant entre-temps la splendeur de ses voiles jusqu'à ce qu'elles apparaissent comme du satin jaune sur le doux bleu du soir qui s'amassait au-dessus des têtes de mât, alors qu'il poussait doucement dans l'eau, la surface lisse à l'huile. de son sillage bordé de l'écume éclatée par le passage de ses étraves se soulevant tendrement sur la houle qui coulait en longues files vers le navire depuis le nord-ouest.

La lune se levait tard, mais c'était un beau crépuscule clair et étoilé lorsque les huit cloches du deuxième garde-chien flottaient le long des ponts et résonnaient doucement dans les espaces silencieux de la toile. La mer s'étendait en noir jusqu'à ses confins où les étoiles basses tournoyaient comme les phares des navires dans une distance incommensurable. L'éclat des lampes douillettes jetait un éclat sur l'atmosphère de la dunette ; mais à l'avant du grand mât, le navire gisait noir dans l'ombre de sa propre toile, avec quelques taches sombres de formes d'hommes se déplaçant autour du gaillard d'avant, leurs silhouettes se détachant sur la poussière brillante du ciel sous le gaillard d'avant. le grand bâillement de l'avant-course.

Le vieux Keeling faisait les cent pas sur le pont avec des voiles à crampons déployées des deux côtés, comme dit Jack, c'est-à-dire avec une dame à chaque bras. D'autres personnages se déplaçaient ici et là ; et M. Cocker, qui avait la charge du pont, marchait de long en large d'un bord à l'autre avec le jeune quatrième officier à ses côtés, s'arrêtant régulièrement, avant de se retourner vers le moignon en arrière, pour jeter un coup d'œil sous le pied de la grand-voile. ou pour jeter un long regard sur l'horizon météorologique. Le petit M. Saunders s'est approché de moi, m'a parlé de la beauté de la soirée et m'a demandé de marcher. C'était un petit gars très intelligent et il avait écrit plusieurs ouvrages sur les superstitions de divers peuples en relation avec leur traitement des maladies. Il était merveilleusement sérieux dans tout ce qu'il disait et, encore et encore, dans son enthousiasme, il s'arrêtait, levait le bras pour attraper un bouton de mon manteau, comme pour me retenir, tandis qu'il se tenait sur la pointe des pieds. et me regardant en face. De l'autre côté du pont marchait mon amie Colledge entre Miss Temple et sa tante. Trois messieurs de la fonction publique suivaient Mme Brookes et ses filles ; et juste à l'arrière, appuyé dans une attitude pittoresque contre l'un des canons, se trouvait M. Sylvanus Johnson, d'un ton léger et galant, expliquant à Mme et Miss Hudson comment il se faisait que l'on voyait parfois le soleil et la lune briller ensemble. Dans la cabine, juste sous la lucarne arrière, le colonel Bannister jouait au whist avec sa femme, M. Hodder et M. Adams ; et presque chaque fois que je passais, j'entendais la voix du militaire qui reprochait à l'un ou à l'autre d'avoir joué telle ou telle carte : « Vous auriez dû conduire le fripon, monsieur. Qu'est-ce qui vous a poussé, ma chère, à l'emporter sur pique ? Non non ; J'avais raison! Je crois que je ne dois pas apprendre le whist à l'époque de ma vie, monsieur ; Ainsi de suite.

Peu à peu, une cloche sonna pour appeler les passagers en bas à des rafraîchissements de vin, de biscuits et d'eau forte qu'ils choisiraient de prendre . Les promeneurs aux formes sombres se fondirent dans l'écoutille secondaire, et deux ou trois d'entre nous ne restèrent que sur le pont. M. Colledge était l'un d'entre eux. Il s'est approché de moi, m'a regardé en face, pour s'assurer de moi, et s'est exclamé : « J'aimerais qu'ils permettent à un homme de fumer ici. Quel mal y a-t-il dans une pipe à tabac ou dans un cigare, pour que vous deviez aller vous faufiler dans un coin sombre pour l'allumer ?

« Comment se fait-il que vous ne soyez pas en bas avec Miss Temple ? dis-je.

« Oh, dit-il en riant, je veux qu'elle me dure pendant tout le voyage, et cela ne se fera pas, vous savez, si nous nous voyons trop.

« Vous devez être félicité, lui dis-je, du compliment qu'elle vous fait :

Elle ne fait de faveurs à personne, elle ne sourit à personne ;

Souvent elle rejette, et plus souvent encore elle offense.

Ce n'est pas exactement ainsi que le poète le dit, mais c'est plus approprié que l'original.

« Eh bien, vous savez, Dugdale , elle a rencontré certains de mes gens. Je ne la déteste pas parce qu'elle retient. Cela montre que son sang et ses instincts sont anglais ; mais, ma foi, quand je l'ai vue pour la première fois, je l'ai prise pour une Espagnole. Mais entre vous et moi, la jeune fille aux cheveux dorés est la belle du navire. Comment s'appelle- t-elle ? — Ah ! Mlle Hudson. Regardez-la alors qu'elle est assise dans la lumière là-bas ! Eh bien, si j'avais votre tour poétique, comment pourrais-je jaillir des mètres entiers autour de ses doigts comme des flocons de neige, et de ses lèvres comme... Mais voyez ici ! il n'y a rien de nouveau en termes d'imagerie à appliquer à une jolie femme. Oh oui! Miss Hudson est la beauté du navire. Mais Miss Temple déchire la compagnie, et mes étoiles ! quels yeux !

« Prenez garde, dis-je en riant, de ne pas faire ce que fait toujours l'homme qui épouse la sœur de la défunte : épouser la mauvaise femme. Choisissez correctement dès le départ.

Il éclata de rire.

« Je suis déjà fiancé, dit-il. « Quel seul homme de jugement oserait entreprendre un voyage à Bombay sans s'assurer ainsi contre tous les risques ?

J'ai regardé son visage souriant, alors que nous nous tenions à la lucarne, pour découvrir s'il était sérieux.

«Gardez votre secret, Colledge », dis-je; «Je ne pêcherai pas.»

Ici, le second nous a interrompus en chantant l'ordre au quart de hisser les voiles de grand perroquet. Puis il a rentré ses voiles de mât inférieur et principal. Les braillements bruyants des hommes rendaient la conversation difficile, et Colledge descendit prendre un verre de cognac et d'eau. Bientôt le vieux Keeling arriva sur le pont, et après avoir regardé autour de lui et un assez long regard sur la proue météo, où il y avait un très faible spectacle d'éclairs, il dit quelque chose au second et retourna vers le cuddy.

« Dans la voile de misaine ! » brailla M. Cocker ; 'arrachez l'artimon-royal et enroulez-le.'

Un petit groupe d'aspirants planant dans le crépuscule sous le vent de la cassure de la poupe, où l'ombre de la grande grand-voile s'étendait comme l'obscurité d'un orage dans l'air, se précipita vers le gréement d'artimon, et en quelques instants le aspirant Un nuage semblable à celui qui flottait sous le camion royal d'artimon fondait comme une traînée de vapeur sur les étoiles, tandis que quelques jeunes garçons faisaient danser les haubans tout en grimpant sur les lignes à rats.

« Qu'est-ce qui ne va pas avec le temps, M. Cocker, lui dis-je, pour que vous dénudiez le navire de cette façon ? »

« Oh, » dit-il avec un petit rire, « le capitaine Keeling est un commandant très prudent, monsieur. Il ne montrera jamais une voile étourdissante la nuit hors des tropiques ; et c'est pour nous une affaire régulière d'enrouler le misaine et l'artimon royaux dans la deuxième garde à chiens, bien qu'il fasse si beau cette nuit qu'il les a laissés voler plus longtemps que d'habitude.

« Humph ! » dis-je ; Pas étonnant qu'il soit populaire auprès des passagères. Je suppose qu'il n'y a aucune chance que le navire tombe à la mer avec le principal-royal toujours sur lui ?

« Quand il s'agira de prendre le commandement, dit-il, le monde découvrira que je suis prêt à continuer. Ce que mon navire ne peut pas transporter, il devra le traîner. J'ai fait mes calculs, et il n'y a rien avec des talons décents qui ne puisse faire le voyage vers l'Inde en soixante-quinze jours. C'est l'astuce du vent qui nous arrête tous. Un skipper transpirera ses vergues d'avant en arrière plutôt que de s'écarter de sa route d'une fraction de point. Pour ma part, je ferais en sorte que tout mauvais vent soit juste.

Il donna un ordre au groupe d'ombres qui travaillaient sur la voile inférieure, et je me dirigeai vers la lucarne avec la moitié de l'esprit en moi pour aller en bas et voir ce qui se passait là-bas ; mais j'ai changé d'intention quand j'ai vu mon ami Colledge penché sur un damier avec Miss Temple, Miss Hudson regardant le jeu du côté opposé, et M. Johnson dessiner des diagrammes avec son index à Mme Hudson pour expliquer quelque chose que je suppose. dont il parlait.

Je suis allé tout à l'arrière et je me suis assis sur un petit bout de grille derrière la barre, et là, malgré la proximité de l'homme à la barre, je me suis senti aussi seul que si j'avais moi-même pris la tête du mât . Le grand corps de l'Indiaman s'éloigna de moi en un tas sombre ; le pont blanc de la dunette n'était qu'un simple évanouissement entre les rails. Sa toile s'élevait en lignes cendrées fantasmatiques , avec un lent balancement d'étoiles entre les carrés du gréement, et un fréquent éclair de météores naviguant en haute altitude parmi les luminaires en traînées de poussière scintillante. On n'entendait guère plus que le frottement de la barre franche dans ses poulies de tête, le faible bruit occasionnel d'une corde tendue vers la portance silencieuse de l'Indiaman, le bouillonnement de l'eau s'éloignant dans les trous et les tourbillons de l'énorme gouvernail, et un tintement sourd du piano dans le salon, et une dame qui chantait dessus.

Tout à coup, j'aperçus la silhouette d'un homme qui dansait en toute hâte sur les principaux haubans. J'avançais en me prélassant à ce moment-là et j'entendis M. Cocker dire : « Qu'est-ce que c'est ? L'homme qui se tenait sur une ligne à rats, un peu au-dessus du bastingage du pavois, répondit.

« Vous êtes fou », s'écria le second. « Qu'est -ce que tu *es* ? Un Irlandais ? »

'Non monsieur.' Je m'étais maintenant suffisamment rapproché pour comprendre ce qui se disait . "Si je l'étais, je serais peut- être papiste , et alors le signe de croix exercerait [exorciser, je présume] la voix épanouie par-dessus bord."

« Voix dans tes yeux ! » s'écria M. Cocker. « De nouveau avec toi ! C'est une nouvelle esquive pour la ruse. Mais vous devrez inventer quelque chose de mieux qu'un fantôme avant de terminer votre travail à bord de ce navire.

« Qu'y a-t-il, monsieur ? appela la voix du capitaine de la part de son compagnon, et il s'avança vers nous avec son air boutonné, comme s'il cherchait à neutraliser l'astuce d'un tonneau en haute mer par une posture de soldat.

« Eh bien, monsieur, » répondit M. Cocker, « cet homme est descendu d'en haut en courant pour me dire qu'il y a un fantôme qui lui parle sur la vergue du hunier.

'Un quoi?' s'écria le capitaine.

«Je l' ai expliqué au second officier en deux mots , monsieur», dit l'homme, parlant très respectueusement, mais avec insistance, comme quelqu'un qui parle par conviction.

« Qu'est-ce que cette voix a dit ? » dit le capitaine.

« J'étais en train de monter le gréement du mât de hune, » répondit l'homme, « et ma tête était au niveau de la vergue des tawps , quand une voix éclata dans une sorte de « haw-haw » brut et dit : « Qu'est-ce que tu fais ? tu veux ? ça dit. « Accrochez-le ! » ça dit. "Je te connais." Alors je descends.

« Quelqu'un s'amuse là-haut, M. Cocker ? »

Le compagnon leva les yeux avec sa main sur le côté de sa bouche. « Là-haut ! il a braillé ; "Quelqu'un sur le hunier ?"

Nous avons tous tendu l'oreille, regardé attentivement, mais aucune réponse n'est venue et il n'y avait rien à voir . Si sombre que fût l'ombre de la nuit dans le métier à tisser des carrés de toile, elle n'était pas si noire qu'on aurait pu y voir une figure humaine après quelques recherches du regard.

«C'est votre imagination, mon homme», dit le capitaine en se retournant à demi comme pour marcher vers l'arrière.

"De nouveau en haut avec toi, maintenant!" s'écria le second.

« Par tonnerre, alors, » s'écria l'homme en frappant la ligne à rats avec son poing, tandis qu'il l'attrapait avec l'autre, se balançant et levant les yeux, « je préférerais aller aux fers pour le reste du voyage !

À ce moment-là, un certain nombre de membres du quart sur le pont s'étaient rassemblés autour de l'écoutille principale et se tenaient regroupés dans l'obscurité, écoutant ce qui se passait. Tout à coup, un individu sauta hors du groupe et sauta dans le gréement principal.

Il jeta quelques injures dans sa barbe à l'encontre du matelot, qui restait accroché aux haubans, et s'élançait, la main sur le poing, presque disparu aux yeux alors qu'il montait dans le grand chapiteau. L'autre homme posa le pied sur le bastingage et se laissa tomber sur le pont, où quelques matelots commencèrent à l'interroger avec empressement, à voix basse et rauque.

« Eh bien, que voyez-vous ? » cria M. Cocker, envoyant sa voix claire au cœur du haut hunier sombre.

Il n'y avait pas de réponse; mais quelques secondes plus tard, j'aperçus la forme sombre de l'homme qui sautait du gréement sur le pataras du mât haut, le long duquel il glissait à toute vitesse. Il sauta sur l'échelle de dunette et rugit : « Par saint Moïse, alors, monsieur, c'est le diable lui-même ! Il n'y a aucun homme en vue, et pourtant il y a un homme !

'Et qu'est-ce qu'il a dit?'

"Eh bien," cria-t-il en essuyant la sueur de son front, "Bon sang, le revoilà !"

La brève pause qui suivit montra que le capitaine ainsi que le second n'étaient pas peu étonnés. En fait, cet individu était l'un des compagnons du maître d'équipage, un marin géant aux moustaches touffues, assurément pas du genre à se prêter aux jeux de hasard ou aux bêtises de Jack pendant son quart sur le pont et sous l'œil de l'officier responsable. Le capitaine envoya l'un des aspirants chercher ses jumelles, tandis que le second reculait de quelques pas pour regarder en l'air . Mais il n'y avait pas de magie dans les objectifs du capitaine pour résoudre l'énigme. En fait, j'estimais que mes propres yeux étaient aussi bons que n'importe quelle lunette pour une telle inspection ; mais regardant les hauteurs gonflées comme je le ferais, allant d'une partie du pont à l'autre, pour qu'aucune brasse de la longueur des vergues ne m'échappe, je ne pus voir rien qui ressemblait à une forme humaine, rien qui ait le moindre mouvement de vie. dedans.

« Eh bien, cela bat mon temps ! » dit M. Cocker en prenant une profonde inspiration.

« Quelle sorte de voix était-ce ? » » demanda le capitaine Keeling en lâchant les jumelles avec lesquelles il balayait le tissu de l'espar et de la voile, et en se dirigeant vers le bastingage de cuivre qui surplombe la dunette.

Le premier des deux hommes terrifiés s'écria depuis le groupe près de l'écoutille, avant que l'autre puisse répondre : « C'était exactement comme la voix de Punch, monsieur, dans l'émission Judy.

« Alors il *doit* y en avoir une paire ! » » rugit l'autre homme avec une grande excitation. « Ce que j'ai entendu, c'était comme un vieil homme ivre qui jurait dans son sommeil. »

« Capitaine, dis-je en m'avançant, laissez-moi monter, voulez-vous ? J'ai longtemps voulu croire aux fantômes, et voici maintenant une chance pour moi de m'embarquer dans cette foi.

« Des fantômes, M. Dugdale ? Mais c'est aussi un métier extraordinaire. Il n'y a rien eu à entendre du pont, n'est-ce pas ?

«Rien, monsieur», répondit M. Cocker. « Mais, M. Dugdale , si vous prenez le gréement météo, je glisserai sous le vent ; et ce serait étrange si, entre nous, nous ne laissons pas la vie s'échapper de l'émerveillement, quoi qu'il en soit.

J'ai sauté immédiatement dans les haubans et j'ai immédiatement voyagé dans les airs avec la vue de la silhouette du second lieutenant dans le gréement, à côté de griffer les ratlines, et l'écartement de ses jambes en forme de grenouille se détachant sur la faiblesse de l'espace de la grand-voile derrière lui. Nous nous sommes réunis sur le toit principal, et nous sommes restés là, levant les yeux et écoutant une minute.

«Je ne vois rien», dis-je.

"Moi non plus", dit le second.

Nous avons regardé attentivement autour de nous, puis sommes montés dans le gréement de hune et sommes montés au niveau de la vergue du hunier, où nous avons attendu que la voix merveilleuse s'adresse à nous ; mais rien ne parlait et rien ne se voyait .

«Ces deux marins ont dû devenir fous», dis-je.

« Il n'est pas nécessaire d'aller plus haut », dit M. Cocker ; « Les chantiers de haut galant et royaux sont clairement des règles contre les étoiles. Sur le pont, là !

'Bonjour?' » fit la voix du capitaine, flottant dans une sorte d'écho de la coque du navire, qui regardait à un mille de profondeur dans cette obscurité.

« Il n'y a rien ici d'où une voix puisse sortir, monsieur.

« Alors vous feriez mieux de descendre, monsieur, » appela le capitaine ; et je crus entendre un petit rire en bas, comme si deux ou trois passagers s'étaient rassemblés.

La forme vague de M. Cocker fondit par-dessus ; mais je m'attardai une minute pour examiner le tableau. Ma tête était proche du mât principal des arbres transversaux , d'une hauteur d'environ quatre-vingts ou quatre-vingt-dix pieds au-dessus de la ligne du bastingage du navire, avec la distance entre le côté du navire et le bord de l'eau pour y ajouter. Je ne me suis attardé qu'une minute ou deux, et pourtant, dans ce bref espace, la scène nocturne sombre, avec la grande silhouette semblable à une cathédrale du noble vaisseau naviguant au cœur de celle-ci, a été balayée en moi avec une telle véhémence d'impression que la scène reste dans ma mémoire claire maintenant, comme elle l'était alors à cette époque lointaine, très lointaine. Chaque bruit sur le pont s'élevait avec un ton discret, comme s'il venait d'un monde elfique. Il y avait un délicat battement de feu vert dans l'eau noire alors qu'elle passait lentement devant les côtés paresseux de la *Comtesse Ida* , et sur cette surface visionnaire et légèrement scintillante, la forme du grand navire était représentée dans l'ombre , avec la lueur du pont. de la dunette vaguement pointillée avec les carrés illuminés des lucarnes, et un point d'éclat à peine déterminable faisant face à la roue où apparaissait la lumière de l'habitacle. La brise océanique nocturne soupirait avec une note de surf entendue de loin dans les creux tranquilles de la toile. Il y avait parfois un léger crépitement des pointes du récif, ressemblant au bruit d'une brève averse d'été tombant sur des feuilles mortes. La mer s'étendait aussi vaste que le ciel, et l'on semblait pouvoir percer à l'autre bout du monde, tant les étoiles proches de l'horizon paraissaient infiniment lointaines, comme si elles brillaient *là sur une terre des antipodes.*

« Là-haut, M. Dugdale ! vint un faible bruit du pont ; 'Entendez-vous encore quelque chose de la voix ?'

«Non», répondis-je; mais le cri avait rompu le charme qui était sur moi, et je descendis, regardant attentivement autour de moi pendant que je descendais.

A peine avais-je gagné la dunette qu'il y eut du tumulte sur la dunette , et j'entendis la voix du Chinois s'écrier : « Quel matelot a vu Prince ? Quel marin, dis-je, l' a vu ? Il est perdu, dis-je ? Oh— ai —O ; Oh... ai ... O ! Il est perdu, dis-je ?

« Qui diable fait ce bruit ? » cria M. Cocker en mettant sa tête par-dessus la rampe de cuivre.

Le Chinois sortit de dessous le renfoncement, et les lumières de la cabine le montrèrent assez clairement. Il se tordait les mains et exécutait une variété de gestes pitoyables tout en s'écriant : « Oh, oh , as -tu sablé Prince ? Il est perdu, dis-je ! Oh... ai ... O ! Oh... ai ... O ! Il est perdu, dis-je ! Et là, il leva les yeux au ciel et au-dessus des pavois, puis fit mine de se précipiter en avant.

« Est-ce vous, Handcock ? » dit M. Cocker en s'adressant à un gros homme qui sortait de la câlin à ce moment-là.

«Oui, monsieur», répondit l'homme, qui était bien le chef steward.

« Qu'est-ce qu'il a avec cet idiot chinois ?

« Eh bien, monsieur, le perroquet de sa maîtresse s'est échappé. Il est responsable de la garde de la volaille, et il l'a raté de peu.

« Alors ce sera ce perroquet en fleurs qui a parlé dans les airs », dit une voix grave près des pompes ; mais je remarquai un déplacement inquiet parmi certaines des figures qui se tenaient là, comme si *c'était* une conjecture à ne pas recevoir trop hâtivement.

« Ici, John », a crié M. Cocker ; 'viens ici, Johnny.'

Le Chinois, qui continuait à marmonner « Oh- ai -O ! tandis qu'il regardait bêtement autour de lui, les mains se tordant beaucoup, lentement et dans des attitudes d'extrême misère, il montait l' échelle de dunette.

« Est-ce que ce perroquet pourrait parler, John ? dit M. Cocker.

« Oh, il parle grossièrement. Il parlait comme l'âme d' un homme chrétien .

« Que pouvait-il dire ? cria le second, visiblement désireux que cette conversation soit entendue sur la dunette .

« Oh, il a dit « vas-y, putain », s'écria John.

'Et quoi d'autre?' s'écria M. Cocker en étouffant son rire.

"Oh, il a dit " Donne -moi un œuf pour le petit-déjeuner ; » et il rit « haw-haw » ; et lui dit « accroche-le » et « ce que tu veux ; » et il parlait mieux qu'un simple marin ; et là, il éclata dans un autre long gémissement : « Oh… ai … O ! Il est parti pour noyé . Il est perdu, dis-je !

«Maintenant, vous entendez ce que dit cet homme, mes gars», a appelé M. Cocker. « Sautez en l'air, ceux d'entre vous qui n'ont pas *peur* , et attrapez l'oiseau si vous le pouvez.

Le jeune quatrième lieutenant donna l'exemple ; et en un instant, une douzaine de matelots remontèrent la grand-voile et l'artimon, où pendant une longue demi-heure ils braillèrent les uns contre les autres, certains d'entre eux feignant d'avoir attrapé l'oiseau, tandis qu'ils *roucoulaient* du haut de leur flotteur . tandis que le Chinois hurlait d'excitation en courant d'un mât à l'autre. Mais tout cela n'a servi à rien. L'oiseau était visiblement passé par-dessus bord ; avait probablement tenté de s'envoler avec ses ailes tondues après que le deuxième des hommes qui avaient eu peur soit descendu précipitamment. La recherche fut renouvelé le lendemain matin au point du jour ; mais le pauvre Prince était parti pour de bon.

CHAPITRE VI
NOUS PERDONS UN HOMME

MALGRÉ les allusions de M. Cocker quant à la timidité du capitaine Keeling en matière de toile, le vieux capitaine savait évidemment de quoi il s'agissait en récupérant à temps ses cerfs-volants, car tandis que les matelots se précipitaient encore dans les gréements et s'envolaient là-haut. à la recherche du perroquet, la brise se rafraîchit en une longue rafale gémissante au-dessus du bastingage, avec un éclair plus brillant des étoiles au vent, et un brusque abaissement de l'Indiaman qui envoya une ligne d'eau lavant ses flancs dans du lait ; et à minuit, elle s'inclinait sans rien voir au-dessus de son grand hunier, sous un fort vent de travers, les étoiles disparues et un air de mauvais temps dans l'obscurité de l'horizon.

jours suivants, nous avons eu beaucoup de vent et une mer agitée avec de fréquentes rafales de pluie grises enveloppant le navire et le laissant avec des ponts ruisselants, des toiles sombres et des équipements qui dribblent. En bref, c'était à nouveau le temps de la Manche, sauf qu'il y avait dans l'air le goût des parallèles tempérés, tandis que la mer roulait grande, large et régulière avec toute la différence entre le mouvement du navire et ses cabrioles à couper le souffle. les eaux étroites que l'on trouve entre le trot d'un âne et le majestueux galop tonitruant d'un coursier.

Mais la pluie en a fait un moment misérable. Qu'y avait-il à voir sur le pont, sinon les formes luisantes d'hommes en cirés, l'ampleur de la vague vert foncé sortant du voile de brume proche, les courbes de la toile ombragées par la pluie - le tout convenablement mis en musique. par le cliquetis sourd et humide des bômes, les bruits de frottement en l'air et le sifflement sauvage du vent sur le gréement météo tendu ? Les mâles parmi nous qui fumaient se rassemblaient après les repas, regroupés sous la cassure de la crotte, se recroquevillant contre la cloison étanche pour se protéger de l'humidité de la pluie ; et à ces occasions les disputes étaient vives. Si le colonel Bannister faisait partie de notre compagnie, on ne pourrait rien dire d'autre qu'il s'en est sorti avec une contradiction flagrante. En fait, il était de cet ordre d'esprit qui considère que sa mission est d'apprendre à chacun à penser correctement.

Une fois, il essaya de prouver à M. Emmett qu'il lui manquait une qualification essentielle d'un peintre, à savoir l'œil pour l'atmosphère, en lui demandant de dire à quelle distance se trouvait l'horizon, et en rugissant de triomphe parce que M. Emmett répondait à cinq heures. kilomètres. M. Johnson, après avoir examiné attentivement la mer, a soutenu que M. Emmett avait raison. Le colonel, arrachant ses favoris blancs, demanda comment il était possible qu'un journaliste sache quelque chose sur de telles choses. Les mots de colère ont été évités par Mynheer Hemskirk , qui, avec un gros visage et un sourire idiot, intervint avec un vieux puzzle moisi : « Répondez-moi : voici un bortrait . Je me tiens en face et je dis : "Brooders et shisters hov je n'ai aucun boot dot man's farder C'est bientôt mon farder ! Votre relation est-elle point homme à point bicture ? » Le colonel n'avait jamais entendu cela et demanda au Néerlandais de le répéter. M. Hodder dit d'une voix douce : « C'est lui-même. Le petit M. Saunders, après mûre réflexion, a dit que c'était son père. « *C'est* ça, bien sûr ! cria le colonel. Le Néerlandais dit non et répéta les vers avec beaucoup d'emphase, frappant un poing dans la paume de l'autre à chaque syllabe. Ensuite, on a pris parti simplement pour faire enrager le colonel. Certains étaient d'accord avec lui, d'autres avec le Néerlandais. M. Emmett, feignant de ne pas comprendre, obligea le stupide et bon enfant Hemskirk à répéter la question une douzaine de fois. La discussion fut si forte, le colonel si en colère, le Hollandais si excité et la plupart des autres auditeurs si démonstratifs, que l'officier en chef descendit de la dunette pour nous regarder.

Je donne ceci comme exemple de notre méthode pour tuer cette période morne. Les vieilles dames gardaient pour la plupart leurs cabanes ; mais les filles entraient dans la cuddy comme d'habitude et rendaient l'intérieur agréable à l'œil en s'asseyant ici et là avec des aiguilles à tricoter à la main ou un livre sur les genoux.

Un de ces après-midi de mauvais temps, entendant un bruit étrange de chant, je suis entré dans le cuddy et j'ai trouvé Peter Hemskirk debout, le visage tourné vers la compagnie et le dos tourné à l'une des Miss Joliffes , qui l'accompagnait au piano. Il chantait une chanson sentimentale à la mode de l'époque : « Je serais un papillon, né dans un Bower ». La posture de l'homme était d'une absurdité exquise alors qu'il se tenait debout, sa silhouette immensément grasse se balançant au rythme des mouvements du navire, un sourire ridicule sur le visage, tandis qu'il tenait les bras tendus, chantant d'abord à l'un puis à l'autre, de sorte que chaque on pourrait partager la chanson. L'image de ce grand homme corpulent, avec un menton débordant entre les cols de sa chemise et une vaste surface de gilet vert se courbant comme le tour d'un hunier plein, puis se courbant à nouveau vers une paire de jambes qui ressemblent exactement à un pegtop — debout comme il l'était, les pieds rapprochés — dis-je, la vue de cet homme immense chantant « I'd be a Booterfly » en fausset, s'est avérée trop pour la compagnie. Ils écoutaient un peu avec des visages sobres ; mais finalement Miss Hudson céda, pencha la tête derrière sa mère et resta là, tremblante, dans un accès de rire hystérique ; puis une autre fille a éclaté de rire ; puis suivit un chœur général de gaieté. Mais l'intrépide Néerlandais a persévéré. Il ne nous laissait pas échapper une seule syllabe, mais il progressait sans le moindre changement de posture tout au long de la chanson, nous saluant profondément lorsqu'il arrivait à la fin ; tandis que Miss Joliffe, s'élançant du tabouret du piano, s'enfuyait à travers le salon et disparaissait par l'écoutille avec un visage rouge comme un drapeau à poudre.

Miss Temple était la seule d'entre nous à ne pas être émue par cette exposition ridicule. Elle gardait les yeux fixés sur un livre sur ses genoux pendant que Mynheer chantait, regardant de temps en temps autour d'elle avec un visage d'émerveillement froid. Une fois que nos regards se sont croisés, elle a immédiatement renvoyé son regard vers son livre. En effet, on pouvait déjà constater le genre d'opinion dans laquelle ses compagnons de voyage la tenaient par leur manière de se tenir à l'écart d'elle comme d'une personne qui se considérait beaucoup trop bonne pour être des leurs, malgré l'obligation d'aller en Inde l'a forcée à être avec eux. Pourtant, on devinait facilement que les autres filles l'admiraient énormément. Je les remarquais parcourant ses yeux sur sa robe, observant son visage et son attitude à table, suivant ses mouvements sur le pont ; et encore et encore je les entendais parler d'elle à voix basse lorsqu'elle était hors de vue. Bref, elle aurait pu être parmi nous une femme distinguée ; et si les passagers lui donnaient une place respectueuse, ce n'était certainement pas, je pense, parce qu'ils ne se seraient pas sentis flattés par une conduite inflexible ou amicale de sa part.

Le jeudi suivant, le vent faiblit, le temps s'éclaircit et, au milieu de la matinée, c'était déjà une matinée chaude et étincelante, avec un ciel haut de nuages délicats comme un glaçage argenté de la voûte bleue, une vaste mer de saphir coulant et le ciel. Indiaman se balançant sous des voiles cloutées jusqu'aux chantiers royaux. J'avais passé une heure dans ma couchette à lire. Alors que je traversais le cuddy pour me rendre à la dunette, j'entendis un bruit d'armes à feu et, en montant sur le pont, je trouvai M. Colledge et Miss Temple tirant avec des pistolets sur une bouteille qui pendait au bras de vergue principale sous le vent. La plupart des passagers étaient assis à les regarder ; mais le couple était seul à s'amuser. Les pistolets étaient des armes très élégantes, montées en argent, avec de longs canons luisants. Colledge les chargea et les tendit à son compagnon, visant parfois lui-même.

Elle n'aurait pu trouver aucun ajusteur pratique pour exposer et accentuer les perfections de sa silhouette et de son visage. Son regard sombre scintille le long de la ligne du tonneau nivelé ; ses lèvres, d'un rouge délicat, s'écartaient légèrement au souffle de la brise douce et chaude comme du lait nouveau ; son visage incolore, sous la large ombre de son chapeau, ressemblait à quelque gravure impeccable dans le marbre, magiquement informée par une sorte de vitalité humaine muette et hautaine. Je ne peux pas vous dire comment elle était habillée, mais sa silhouette était là dans ses belles proportions, une forme pleine mais d'une délicatesse virginale sur l'azur clair au-dessus de la ligne de mer, alors qu'elle se tenait en équilibre sur de petits pieds fermes sur le pont penché et souple. la tête renversée, le bras tendu, et un feu dans ses yeux profonds et liquides qui anticipait l'éclair du pistolet.

« Une femme d'apparence très noble, monsieur, dit une voix basse à mes côtés.

M. Richard Saunders me regardait avec cette expression mélancolique et avide qui est assez courante chez les nains. J'avais sur le bout de la langue de demander à ce pauvre petit s'il avait jamais été amoureux ; mais c'était un homme dont la sensibilité et la tendresse de cœur obligeaient à réfléchir à deux fois avant de parler.

« Oui, M. Saunders. Une femme noble en effet, comme vous le dites, répondis-je aussi doucement qu'il avait parlé. « Mais comme sa joue est pâle ! Cela fait penser à la mort blanche dont parle Helena dans « Tout est bien qui finit bien ».

« Ce qu'Hemmeridge appellerait chlorose », dit-il. 'Non monsieur ; elle est en parfaite santé. C'est en effet un teint très rare, et très digne d'un trône ou d'un haut lieu d'où une femme a besoin de regarder impérieusement et avec un visage qui ne doit pas changer de couleur .

« Elle semble être née pour quelque chose de plus élevé que ce qu'elle est susceptible d'atteindre », dis-je en la regardant avec des yeux qu'il m'était impossible de retirer. « Dommage qu'il n'y ait pas eu un peu plus de féminité dans sa composition. Elle pourrait faire une excellente actrice et se débrouiller très bien dans les irréalités de la vie ; mais je dois dire qu'il n'y a qu'un petit cœur là-bas, M. Saunders, avec exactement la même quantité de fierté qui a poussé Lucifer à s'enflammer tête baissée vers... »

Quelqu'un a toussé juste derrière moi. J'ai regardé autour de moi et j'ai rencontré le regard plein de Mme Radcliffe. Elle était assise sur un poulailler ; mais si elle était là lorsque je suis arrivé à un stand pour voir Miss Temple, ou si elle était arrivée sans que je la remarque, je ne pouvais le dire. Je sentis le sang monter en écarlate jusqu'à mon front, et je m'avançai aussitôt sur le gaillard d'avant, au grand étonnement, je n'en doute pas, du petit Saunders, qui, je crois, était en train de s'adresser à moi lorsque je m'enfuis.

J'entrai dans la tête du navire et m'appuyai contre la pente du bout-dehors géant qui arrivait dans l'imposant steeve de l'époque, jusqu'au pont du gouvernail d'avant, à travers lequel il disparut comme le tronc coupé d'un chêne titan dont les racines s'enfoncent. profond. Le bruit d'un rapport de pistolet attira mon oreille. Il y eut un bruit de verre brisé au niveau de la vergue , accompagné de quelques claquements de mains sur la dunette, comme si les passagers considéraient ce tir sur une cible comme un divertissement conçu pour leur amusement. Loin devant moi, manoeuvrant le foc-boom, était assis un marin en train de travailler sur le séjour ; sa silhouette se courbait et s'élevait avec l'élévation du long mât qui pointait comme le doigt tendu du navire vers l'azur brillant dans lequel il naviguait, et il se chantait une chanson dans des notes graves et rauques, qui, à mon avis, mettaient une meilleure musique. aux soulèvements fluides et satinés de l'eau bleu foncé sous lui que n'importe quel musicien mortel auquel je peux penser aurait pu épouser l'image. Il y avait quelques marins occupés à divers travaux autour du gaillard d'avant. Le carré de l'écoutille, appelé l'écoutille, était sombre sur le pont, et, s'élevant à travers lui, j'entendais les notes grogneuses d'un matelot apparemment en train de lire à haute voix à l'un de ses camarades.

Bientôt, le visage couvert de moustaches du maître d'équipage apparut au sommet de l'échelle du gaillard d'avant. En m'apercevant, il s'approcha avec le rude salut marin d'une mèche de cheveux sous son chapeau rond. Il avait servi comme matelot qualifié à bord du navire sur lequel j'avais été aspirant, bien qu'avant mon arrivée ; cela m'était apparu lors d'une conversation, et maintenant il me recevait toujours un salut amical lorsque je le rencontrais sur le pont. C'était un marin d'une école presque éteinte ; un homme au dos rond, avec la lenteur des mouvements d'un navire marchand, et pourtant probablement le meilleur exemple de maître d'équipage qui ait jamais existé à flot ; avec un œil qui semblait entourer tout le navire en un souffle, d'une capacité singulière de voir un homme et de savoir à quoi il était apte, connaissant de la manière la plus exquise et la plus intime la machinerie d'un navire ; un interprète délicieux sur sa pipe d'argent, d'où il tirait des sons si clairs et si pénétrants qu'on aurait pu imaginer, lorsqu'il soufflait dessus, qu'un vol de canaris s'était installé dans le gréement autour de lui. La voix de la tempête était dans son cri bourru : « À toutes les mains ! et son visage aurait pu symboliser le mauvais temps de l'océan, comme les joues éclatantes de Borée expriment le vent du nord. Il portait dans sa main un petit morceau de canne dure mais souple, avec laquelle il fouettait tout ce qui se trouvait à côté de lui lorsqu'il était excité et reprochait à quelqu'un de « sogering », comme on l'appelle ; et je l'ai vu une fois attraper un homme de sa taille par la peau du cou, et avec sa poussière de canne, lui faire passer la partie postérieure aussi joliment que jamais un maître d'école la faisait à un garçon.

« Vous êtes du mauvais côté du navire, n'est-ce pas , monsieur ? m'a-t-il appelé en s'approchant de sa voix forte et chaleureuse.

«C'est tout à moi, dis-je en riant, maintenant qu'il n'y a pas de musique comme votre flûte pour me faire danser.»

'Ha!' s'exclama-t-il en prenant une profonde inspiration. « Je me demande si un jour j'aurai la chance de quitter la mer et de m'installer à terre ? J'admets que la vie d'un être humain ne se limite pas à fermer les yeux morts et à maintenir les mâts d' *aplomb* . À propos, ajouta-t-il en baissant la voix, je suis peu de temps après, il va y avoir un mort à bord.

« J'espère que non, dis-je ; ce sera le premier, et un peu tôt aussi. Qui est le malade, mon vieux ?'

«Eh bien, un type nommé Crabb », répondit-il. « Je pense que vous le connaissez. Un jour, j'ai remarqué un sourire sur votre visage alors que vous le regardiez à la pompe.

'Quoi! tu veux dire cette créature carotte aux jambes arquées, sans pointe de nez et avec un œil qui essaie de regarder vers l'arrière ?

«Oui», dit-il; 'c'est Crabb .'

« En train de mourir, dites-vous , M. Smallridge ? » Je réfléchis un instant et m'écriai : « Il était sûrement au volant de dix heures à midi lors du premier quart hier soir ?

— C'est bien ce qu'il était, répondit le maître d'équipage ; mais il est tombé malade au milieu de la veille, et la dernière nouvelle est qu'il est en train de mourir rapidement.

« Quelle est la maladie de ce pauvre garçon ? dis-je.

« Eh bien, le docteur ne semble pas bien comprendre, » répondit-il : « il a été deux fois en retard depuis l'heure du petit déjeuner, et il appelle cela une rupture générale, un terme facile pour expliquer une difficulté. Mais qu'est-ce que ça veut dire, soufflé si je le sais, ajouta-t-il en jetant un coup d'œil vers l'arrière pour voir si le second était en vue.

« Une rupture générale, dis- je, signifie une dégradation des organes vitaux. Je ne veux pas dire que Crabb n'est pas pourri, mais j'aurais certainement dû penser que le pire de sa maladie se trouvait à l'extérieur.

« Oh ! oui, dit-il ; 'on ne supposerait pas qu'il aurait besoin d'une maladie pire que son propre visage pour le tuer. Mais ce n'est pas pour voir après le travail du navire, n'est-ce pas ? et avec un autre agréable geste marin de la main sur le front, il me quitta.

Un peu plus tard, je marchais tranquillement vers l'arrière, avec l'intention de récupérer la crotte pour une conversation avec Colledge , qui se tenait seul sous le vent, regardant par-dessus le bastingage, les bras croisés dans l'attitude d'un homme profondément ennuyé, lorsque le médecin du bord, M. . Hemmeridge , sortit de la porte cuddy pour tirer quelques bouffées de sa pipe à l'abri du pont en surplomb.

« Alors, docteur, dis-je en me plantant négligemment devant lui en balançant légèrement mes jambes à cheval en fonction du doux soulèvement du navire, nous allons perdre un homme, j'entends ?

'Qui t'as dit ça?' s'exclama-t-il en me regardant avec une paire d'yeux faibles et humides qui, j'en ai peur, racontaient l'histoire de quelque chose d'encore plus fort que ses sels de jalap et de Glauber , stockés secrètement parmi les bouteilles qui remplissaient les étagères de son petit restaurant sombre et lugubre. couchez-vous tout de suite à l'arrière au-dessus de la cambuse .

« Eh bien, l'air est plein de nouvelles, dis-je : un navire est un village où tout ce qui arrive est connu de tous les voisins .

« Je ne sais pas ce qu'il en est de perdre un homme », dit-il en allumant une étincelle dans un amadou et en allumant sa pipe avec une allumette au soufre ; « De toute façon, il n'est pas encore mort. Nous devons garder nos voix silencieuses sur ces questions à bord du navire, M. Dugdale . Partout où il y a des dames, il y a beaucoup de nervosité.

'Vrai; et je serai aussi silencieux qu'il vous plaira. Mais ce Crabb est un personnage si étonnant que je ne peux que m'intéresser à sa maladie. Qu'est-ce qui lui arrive, maintenant ?

« S'il meurt, ce doit être à cause de la décadence », répondit-il d'un mouvement de la main. « Je ne trouve rien d'autre à lui reprocher que la façon dont il s'en est allé. Il reste immobile et gémit de temps en temps. Ce sera sans aucun doute une affaire de cœur.

J'ai vu que ma curiosité ne lui plaisait pas, et ainsi, après avoir échangé quelques phrases vaines, j'ai monté sur la dunette et j'ai rejoint M. Colledge .

Il regardait l'eau qui passait, mais n'y prêtait pas vraiment attention. J'ose le dire, même s'il y avait néanmoins de quoi intéresser l'œil d'un amoureux des morceaux de mer dans le délicat entrelacs d'écume qui défilait dans les espaces comme des voiles de dentelle s'étalant sur le soulèvement de la mer avec des bouillonnements nuageux de lait. - une douceur blanche sous la surface, qui faisait merveille du bleu opalescent radieux du clair profond là-bas, adouci de son éclat ensoleillé par l'ombre du haut côté de l'Indiaman.

« Ce sera un long voyage, j'en ai peur », s'écria Colledge avec une sorte de soupir, en ramenant son dos sur le bastingage et en s'y appuyant, les bras croisés.

« Vous ne vous ennuyez pas déjà, j'espère ? » dis-je.

« Eh bien, savez-vous, Dugdale », s'est-il exclamé, tandis que je croisais son regard suivant la forme de Miss Hudson, qui se promenait sur le pont exposé avec M. Emmett, « je crois que j'ai fait une erreur en m'engageant avant de commencer. . Lorsqu'un homme demande à une fille de devenir sa femme, il doit l'épouser le plus rapidement possible. Maintenant, me voici qui quitte l'amoureux avec qui je me suis fiancé pour peut-être dix mois de voyage sur l'océan, avec quelques mois en Inde pour le tir, et la chance au-delà d'être dévoré par le gibier que je poursuis.

« Pourquoi vous êtes-vous engagé ? » dis-je.

«J'avais déjeuné chez son père, Sir John Crawley, député d' Oxborough , un conservateur brûlant et l'un des joueurs de billard les plus nobles dont on puisse rêver. Est-ce-que tu le connais?'

«Je n'ai jamais entendu parler de lui», dis-je.

« Eh bien, il parle rarement à la Chambre, certainement. J'avais déjeuné avec lui et Fanny ; et comme je n'étais pas susceptible de revoir le vieux type de ce côté de mon voyage en Inde, il m'a servi du champagne avec amour ; et quand je me promenais avec Fanny dans le jardin pour une petite promenade, j'étais un peu plus ému que d'habitude chez moi ; et en résumé, je lui ai proposé, et elle m'a accepté. La voici, dit-il ; et il mit la main dans sa poche et en sortit une petite miniature en ivoire très délicate représentant un visage joyeux et joli, plutôt irlandais, avec de douces boucles brunes sur le front et un air espiègle dans le regard légèrement levé des yeux, comme si elle vous jetaient un regard à travers ses cils supérieurs.

« Une très douce créature, dis-je en lui rendant le tableau. « N'est-elle pas assez bien pour toi ? Bénis mon âme, quels hommes stupides sont ! Qu'y a-t-il qui vous inquiète en sachant que vous avez gagné l'amour d'une amoureuse comme celle-là ?

Il pencha son beau visage au-dessus de la miniature, la regardant avec une intensité qui lui fit plisser les yeux, puis la glissa dans sa poche en s'écriant avec une étrange note de contrition dans la voix : « Eh bien, je suis un connard idiot . , Je suppose. Mais je pense quand même que j'ai commis une erreur en m'engageant. J'avais le temps de lui demander de m'épouser à mon retour. Qui sait si je reviendrai un jour ?

« Maintenant, *ne soyez pas* sentimental, mon cher.

« Oh oui, tout cela est très bien, dit-il ; "Mais je suppose que vous savez que chasser le tigre n'est pas tout à fait comme chasser un lièvre , par exemple."

« Alors, ne chassez pas le tigre, dis-je, lassée de tout cela. « Écoutez ! quelle belle voix chante-t-elle dans la cuddy ?

Il a dressé son oreille. « Oh ! c'est Miss Temple, dit-il ; et il se dirigea furtivement vers la lucarne arrière, à travers laquelle on pouvait apercevoir le piano . Il jeta un coup d'œil, puis me fit une série de signes de tête et, un instant après, il se glissa en bas. Hélas! pour Fanny Crawley, pensais-je.

Les deux larges lucarnes étaient ouvertes et la voix de Miss Temple s'élevait claire et pleine, un contralto riche, avec de temps en temps un tremblement qui résonnait à travers elle avec une qualité supplémentaire de douceur. Ceux qui marchaient s'arrêtaient pour écouter, et ceux qui étaient assis laissaient tomber leur ouvrage ou levaient les yeux de leurs livres. M. Johnson et un ou deux autres personnes se sont rassemblés devant la lucarne. Mais aucun ami salvateur, Colledge, n'a proposé de descendre en dessous. J'aurais pu parier mille livres que la peluche était vide, sinon la fille n'aurait jamais chanté. En fait, on remarquait une sorte de timidité dans l'écoute même des gens, comme si elle était une princesse dont la voix s'écoutait de loin et avec respect, et qu'il ne fallait pas approcher ni déranger. n'importe quel compte. Peu de temps après avoir terminé, une voix masculine s'est fait entendre et M. Johnson, après avoir écouté un peu, est venu vers moi.

"Votre ami Colledge ne chante pas mal", s'exclama-t-il avec le sourire complaisant qu'il affichait habituellement avant de se livrer. « Vous sentez-vous à la hauteur d'un petit pari ? »

« Quel est le pari à faire ? »

« Je vous parie, dit-il en fermant un œil, vingt shillings par couronne que M. Colledge et Miss Temple auront juré leur serment avant que nous atteignions la longitude du cap de Bonne-Espérance.

« Pourquoi pas la latitude ? dis-je.

« Pourquoi, mon cher monsieur, ne voyez-vous pas que la longitude me donne une plus grande marge ? Et le type commençait en fait à expliquer la différence entre la latitude et la longitude, quand je l'ai interrompu.

« Je ne parierai pas, dis-je ; « Je n'ai aucune envie de gagner votre argent avec certitude. Ils ne seront pas fiancés, alors tu ferais mieux de garder ton souverain.

Il siffla doucement et, avec une tentative mélancolique de prendre une expression comique, s'écria : « Ah, je vois comment ça se passe. C'est le souhait, mon ami, qui est le père de la pensée. Mais Lor'nous préserve ; mon cher M. Dugdale , pensez-vous qu'une jeune dame selon son modèle daignerait jamais jeter son regard sur quoi que ce soit, même la soixantième partie d'un seul degré au-dessous du niveau du fils d'un baron et héritier du titre et de la propriété ? '

« Vous souvenez-vous, dis-je, de la façon dont votre homonyme, le Dr Samuel Johnson, a dit à ses amis qu'étant taquiné par un voisin de table pour donner son opinion sur Horace ou Virgile, j'oublie lesquels, il a immédiatement fixé son attention sur ses pensées. de Punch et Judy ? Laissez-moi maintenant imiter ce grand homme et penser à Punch et Judy.

«Voici Punch, je crois», dit-il avec un rire bon enfant.

Pendant qu'il parlait, la silhouette du colonel Bannister s'élevait du pont arrière . Son visage était rouge de colère, ses yeux brillaient et ses moustaches blanches ressortaient comme des pointes de lumière provenant d'une flamme. Nous étions les premières personnes qu'il rencontrait alors qu'il gravissait les échelons.

« De tous les instruments infernaux, s'écria-t-il, le piano est le pire. Que diable, j'aimerais savoir, les armateurs veulent -ils dire en ajoutant cet exécrable meuble à la cabine ? Au moment où je m'assois pour rédiger mon journal, le twang-twang fait retentir la guimbarde de ce scélérat ; et comme si ce bruit n'était pas suffisant, une femme doit nécessairement se mettre à crier dessus ; et puis, quand je pense que la querelle est un peu terminée et que je reprends ma plume, un type avec une voix de porc tourmenté s'enfuit.

«Vous devriez écrire au *Times* , monsieur», a déclaré M. Johnson.

Le colonel lui lança un regard plein de piques et de tire-bouchons, et s'avança sur ses courtes jambes raides vers le capitaine, à qui je l'entendis opposer un langage très fort. Bientôt, la cloche du tiffin sonna et je descendis.

CHAPITRE VII
DES FUNÉRAILLES EN MER

LE médecin était assis du côté tribord de la table et je l'ai surpris en train de me regarder avec une expression significative qui m'a quelque peu intrigué. Une fois, en effet, il m'a fait un clin d'œil, et craignant qu'il ne soit un peu ivre et se laisse facilement entraîner dans des manières démonstratives suffisamment marquées pour attirer l'attention du patron, j'ai pris quelques précautions pour ne pas le voir. Le vieux Keeling, au bout de la table, le visage brillant comme une figure de proue en acajou sous une nouvelle couche de vernis, était au milieu du récit de son action avec le corsaire dans le golfe du Bengale, lorsque M. Prance entra. le cuddy et s'assit tranquillement. Il se mit à travailler sur un morceau de corned-beef tandis qu'il semblait écouter avec un visage de courtoisie respectueuse le long récit de Keeling, avec son commentaire continu de « Comme c'est courageux ! « Quelles créatures terribles ! » « Comme c'est horrible ! » et ainsi de suite des dames .

Le capitaine a pris fin et M. Prance m'a dit : « Un combat courageux, monsieur.

« Très », dis-je, guettant ce clin d' œil que suggérait sa voix.

« Le meilleur d'un engagement de ce genre, s'écria-t-il, c'est que vous pouvez continuer à le combattre encore et encore sans perdre de sang. D'ailleurs, en parlant de pirates, le capitaine n'a pas encore été informé que l'un d'eux gisait mort à bord de son navire.

Je l'ai regardé.

« Un type nommé Crabb », commença-t-il.

'Quoi!' J'ai interrompu; "Est-ce que Crabb est mort alors ?"

C'était maintenant à son tour de le regarder. « Connaissez-vous cet homme, M. Dugdale ?

"Eh bien, oui", répondis-je, "comme la créature la plus laide (que Dieu ait son âme, puisqu'il *est* mort !) qui ait jamais rencontré le regard d'un mortel."

« Mais comment avez-vous appris qu'il s'appelait Crabb et qu'il était mourant ? pour *que* vous semblez avoir deviné aussi, à en juger par votre question ?

« Eh bien, mon cher monsieur, répondis-je, vous avez à bord une grande compagnie de matelots, et le navire est plein de voix des profondeurs, et j'ai des oreilles dans la tête, M. Prance. »

« Humph ! » a-t-il dit. « Eh bien, comme je l'ai toujours dit, les informations circulent beaucoup trop vite à bord des avions à passagers. En fait, j'ai vu des passagers ramasser des objets qui étaient restés secrets pendant des semaines pour le capitaine et ses compagnons. Il vida un verre de marsala et ajouta : « Vous avez raison de parler de la laideur de cet homme. Je suis allé le voir alors qu'il est allongé sur sa couchette. " Il fit une terrible grimace et leva les yeux vers le pont au-dessus.

« Est-ce que ce Crabb était un pirate ? dis-je.

«Oui», répondit-il; mais je n'en avais pas entendu parler il y a une demi-heure. Le charpentier le connaissait, mais il se tut lorsqu'il lui trouva un camarade de bord. Maintenant que le type est mort, Chips a une histoire aussi longue que le serpent de mer autour de lui. Il faisait des affaires dans les eaux antillaises ; et le charpentier dit que si l'on en croit les histoires qu'il a racontées contre lui-même, aucun scélérat aussi ignoble n'a jamais mis les pieds entre les bastingages d'un navire.

« Mais s'est-il vanté de ses mauvaises actions devant les hommes dans le gaillard d'avant ? J'ai demandé.

'Non ; Chips avait été son compagnon de bord il y a deux voyages dans une petite embarcation, et il l'a ensuite rencontré à terre dans plusieurs repaires de marins bas dans l'est de Londres. Lorsqu'il buvait trop, il sortait avec les récits d'atrocités les plus effrayants. Non monsieur; il a gardé son conseil à bord de ce navire. Il savait ce qui aurait suivi si nous avions soupçonné sa carrière par la suite.

« Quand l'enterrez-vous ? dis-je.

«Demain matin, je suppose», répondit-il. « Le capitaine Keeling est opposé aux funérailles précipitées. Je l'ai entendu dire que lorsqu'il était second, un homme est mort et que deux heures plus tard, le corps avait été recousu, prêt pour le dernier lancer ; mais pendant que le capitaine cherchait son livre de prières, le maître d'équipage du navire se précipita vers l'arrière, les cheveux hérissés et les yeux à moitié sortis de la tête, pour signaler que le hamac avec son contenu avait roulé de la grille sur laquelle il était placé. placé et se tortillait sur le pont. Lorsqu'on l'a ouvert, l'homme à l'intérieur s'est avéré vivant, baigné de sueur et à moitié fou de peur.

Nous avions mené cette conversation à voix basse, facilement gérée, alors que je m'asseyais à sa droite, tout près de lui. Quelques minutes plus tard, le second se dirigea vers la dunette et je me dirigeai vers la dunette pour fumer un cheroot. Pendant que je préparais l'herbe pour l'allumer, le Dr Hemmeridge est sorti du cuddy.

« Cela vous intéressera peut-être de savoir, dit-il, que votre vilain ami est mort.

— Et c'est ce que vous vouliez me transmettre en faisant un clin d'œil ? dis-je.

Il hocha la tête avec un sourire qu'on pouvait difficilement qualifier de sobre. « Vous vous intéressiez particulièrement à lui, s'écria-t-il, et j'ai donc pensé vous donner des nouvelles avant de faire mon rapport au capitaine.

«Vous êtes très bon», m'exclamai-je avec un salut sarcastique.

« En fait, M. Dugdale , poursuivit-il, je vais rendre une autre visite au gaillard d'avant, car il y a quelque chose dans la manière dont cet homme est mort qui me laisse perplexe. En fait, il est fort probable que je procède à une autopsie. Ici, il leva la main et la regarda un instant. J'ai remarqué qu'il tremblait. Il prit immédiatement conscience de son acte, rougit légèrement et parla avec une note de confusion : « Le diable est que les Jack s'opposent à ce genre d'inquisitions. Là encore, la lumière vers l'avant est abominablement mauvaise, et il y a trop de risques lorsqu'il y a des dames à bord qui tentent de faire passer le corps en contrebande vers l'arrière. Aimeriez-vous voir l'homme ? Vous l'avez admiré dans la vie, vous savez.

Je suis resté un moment dans le vent, puis j'ai dit : « Oui ; J'irais avec toi;' et nous avons avancé péniblement.

La demeure des marins était ce qu'on appelle un gaillard d'avant-garde ; une structure dans la proue du navire correspondant au cuddy et à son dunette à l'arrière. Il y avait une aile de chaque côté qui arrivait très près du mât de misaine, car à cette époque, le mât de misaine d'un navire était élevé ou érigé plus près de la proue qu'il ne l'est aujourd'hui. Chacune de ces deux ailes abritait quelques cabines, occupées respectivement par le maître d'équipage, le voilier, le charpentier et le cuisinier. Vous pénétriez dans le gaillard d'avant lui-même par les portes juste en avant de l'énorme guindeau, la grande écoutille avant se trouvant entre celui-ci et la chaloupe qui se tenait pleine à craquer de bétail. Cela aurait dû être un terrain familier pour moi ; pourtant, j'ai aussi trouvé quelque chose de véritablement nouveau dans ce spectacle alors que je suivais le médecin à travers la porte bâbord et que j'entrais dans ce qui ressemblait à une vaste grotte sombre, résonnant du bruit des mers frappées par l'eau vive, avec une lampe à neige fondante se balançant au milieu du navire sous un rayon crasseux et une ligne de lumière du jour tombant un peu au-delà de la belle lumière à travers l'écoutille ouverte ou le panneau de pont, et ressemblant dans son puits poussiéreux et sa marge définie à un rayon de soleil frappant à travers une fente du volet d'une pièce sombre.

Il y avait au moins une vingtaine de hamacs suspendus sous le plafond ou sur le pont supérieur, avec ici et là des visages de marins visibles dessus, ou peut-être la moitié d'une jambe en bas, et rien d'autre de l'homme à l'intérieur que *ce qu'on* pouvait voir. . Il y avait aussi un double niveau de couchettes, qui s'enroulait depuis la cloison arrière jusqu'à l'obscurité vers l' avant, qui semblait la plus sombre, d'une manière ou d'une autre, à cause du métier à tisser de l'immense talon du beaupré qui transperçait les têtes de chevalier. C'était une scène rude et sauvage à observer sous cette lumière ; un mélange dans une sorte de fouillis, pour ainsi dire, de hamacs, de coffres de mer, de chandeliers, de outres cirées, de bottes de mer et de sacs de toile, et de divers autres bric-à-brac de l'équipement marin. Il y avait des personnages assis sur les caisses, fumant tranquillement ou cousant leurs vêtements ; des sels sinistres, silencieux, mal rasés, se détachant sur les yeux dans cet étrange mélange de lumière terne et d'ombre faible, dans des proportions si grotesques et même surprenantes qu'il n'était guère nécessaire de les faire disparaître tout d'un coup pour persuader qu'ils étaient des créatures d'un autre univers. De nombreux craquements et bruits stridents parcouraient le silence de cette sombre caverne en bois. Le mouvement du navire était également beaucoup plus défini ici qu'à l'arrière, et vous sentiez le pont monter et descendre sous vos pieds comme si vous étiez sur une balançoire avec un petit tonnerre fréquent de mer fendue qui se brise.

Le médecin se dirigea vers une couchette à bâbord, presque à hauteur de l'auvent, où la lumière traversait l'obscurité avec suffisamment de puissance pour définir la forme, et même la couleur . Dans cette couchette gisait un personnage immobile sous une couverture et un petit carré de toile sur la tête. Les couchettes du voisinage immédiat étaient vides, et les gaillards qui se balançaient dans des hamacs un peu plus loin nous regardaient bêtement, avec des yeux qui brillaient comme des disques d'acier poli au milieu des cheveux de leur visage.

Le Dr Hemmeridge retira le morceau de toile à voile de la face du corps, et là se trouvait devant moi le masque le plus hideux qui puisse entrer dans l'esprit de n'importe quel homme, sauf pour figurer le maître qui a dessiné Caliban. À travers les paupières contractées, rien ne montrait les yeux à part le blanc. Il y avait une chute sous la mâchoire qui avait tordu le bec de lièvre de la créature en un sourire choquant.

J'ai jeté un coup d'œil et j'ai reculé. Ce faisant, un type qui nous surveillait à la porte du gaillard d'avant s'est approché et m'a dit respectueusement : « Il ne fait aucun doute qu'il est mort, monsieur, je suppose ?

Hemmeridge se détourna du corps. Il y avait une étrange expression de dégoût et de perplexité sur son visage.

«Oh oui, mec , complètement mort», répondit-il. « Un cadavre étonnant, vous ne trouvez pas, M. Dugdale ? Assez bon pour être conservé dans les esprits comme exposition pour le musée d'un hôpital.

"J'espère", s'exclama une voix grave provenant d'un hamac qui se balançait à proximité, "si tant est que Crabb soit mort et parti, on ne le laissera pas mentir pour emprisonner le parfum . l'atmosphère de ce salon-ci.

— Non, mon homme, répondit le docteur en regardant le corps ; nous le sortirons de là à temps. Mais il n'y a rien de mal à ce qu'il reste ici un peu.

« De quoi a-t-il fait ? » » demanda un vieux marin qui s'était levé de sa poitrine et qui nous regardait, appuyé contre un chandelier, le fourneau inversé d'une pipe à suie entre les dents.

« Maintenant, à quoi bon, s'écria le docteur avec inquiétude, donner à ce gaillard d'avant une conférence sur les causes de la mort ? De quoi est-il mort ? C'est un fléau , M. Dugdale ! Savez-vous que j'ai vraiment envie de jeter un coup d'œil en lui, ne serait-ce que dans l'intérêt des revues médicales. '

«Je commence à me sentir un peu faible», dis-je en me dirigeant vers la porte du gaillard d'avant.

« Eh bien, M. Willard, s'écria Hemmeridge en s'adressant à l'homme qui s'était approché de nous et qui s'est avéré être le fabricant de voiles, faites-le recoudre dès que vous le voudrez, puis amenez-le à l'écoutille avant avec une bâche sur lui, jusqu'à ce que d'autres ordres arrivent.

« Allez-vous mener une enquête, docteur ? demanda le voilier, dont le nez romain et le mince volant ou le filet de moustaches blanches qui couraient sous son menton d'une oreille à l'autre lui donnaient une sorte de nostalgie étrange, *levèrent* un regard hagard dans cette lumière, alors qu'il inclinait la tête en avant pour poser la question. .

"Oh, ce ne serait pas une enquête", répondit le médecin avec un petit rire. « Mais c'est quand même une mort naturelle », ajouta-t-il d'une voix insouciante ; « et ainsi nous repartirons vers l'arrière, M. Dugdale ; à moins, en effet, que vous vouliez avoir une autre vision de votre ami ?

Je le dépassai et sortis aussitôt du gaillard d'avant ; et jamais auparavant le soleil n'avait paru plus glorieux, ni la brise de l'océan plus douce, ni les hauteurs gonflées de l'Indiaman plus aériennes, plus belles et plus majestueuses. En fait, je m'étais senti à moitié étouffé dans ce gaillard d'avant ; et tandis que je me dirigeais vers la dunette, je respirais le vent jaillissant qui bourdonnait devant moi au-dessus des pavois avec autant de soif que jamais un marin naufragé léchait l'eau.

Le même soir, quelque temps après le dîner, après une longue cigarette et une conversation avec Colledge et le jeune Fairthorne sur le gaillard d'avant, où nous patrouillions les planches dans un mouvement de surveillance régulier depuis le devant du câlin jusqu'à la passerelle et retour. , je me dirigeai vers la dunette, laissant mes deux compagnons continuer une partie d'échecs dans la cuddy, où ils jouaient cet après-midi. C'était une belle nuit claire et sans lune, avec une brise agréable venant du nord-est, devant laquelle le navire naviguait tranquillement sous toutes ses voiles plates, sauvant l'avant et l'artimon royals, avec une bôme de misaine toujours gréée et chancelante en travers. les étoiles au doux soulèvement et au plongeon du navire, comme s'il s'agissait d'une canne à pêche géante dans la main d'un colosse à la recherche de baleines.

Il y avait quelques passagers qui circulaient sur le pont, mais il faisait trop sombre pour être sûr de leur présence, même si l'éclat délicat de l'air, tombant en une sorte de pluie argentée du ciel velouté de brillants au-dessus, permettait de voir les formes et suivre clairement les mouvements des choses. Il y avait beaucoup de phosphore dans l'eau cette nuit, et je regardais par-dessus la partie sous le vent, ses reflets vert pâle ou couleur soleil tandis qu'elle se dirigeait vers notre sillage en spirales enflammées, dans des configurations semblables à celles de serpents se tordant. , en fibrine des entrelacs qui s'agrandiraient et se façonneraient dans les proportions de monstres marins et de poissons léviathan.

« Est-ce vrai, le savez-vous , qu'un des marins est mort cet après-midi ? s'exclama une voix basse, claire mais très mélodieuse à mes côtés.

C'était Mlle Temple. Elle a commencé alors que je quittais ma posture penchée et me tournais vers elle.

«Oh, je vous demande pardon», s'est-elle exclamée dans une note modifiée.

Il était très clair qu'elle m'avait confondu avec Colledge , pour autant que je sache. Elle était seule. Pourtant, si elle était venue du cuddy, elle aurait certainement vu le jeune brin jouer aux échecs à table avec Fairthorne .

«Je serais heureux de répondre à votre question», dis-je froidement, «si vous voulez vous arrêter et écouter, Miss Temple.»

À la lumière des étoiles, je pouvais voir ses beaux yeux sombres et impérieux fixés sur moi.

« C'est curieux », s'est-elle exclamée, et peut-être qu'à la lumière du jour j'aurais trouvé un signe de sourire sur son visage ; mais son visage paraissait comme du marbre dans cette ombre : « que ce soit la deuxième fois que je vous interroge sur ce qui se passe à bord du navire. Vous avez été marin, je pense, monsieur Dugdale ?

'M. Colledge vous l'a sans doute dit, dis-je.

'Oui; c'est lui qui me l'a dit. Vous partagez sa cabine, je crois. Voulez-vous me dire s'il est vrai qu'un des marins est mort ?

«C'est vrai», dis-je; "Un marin nommé Crabb est mort ce matin."

« A-t-il été enterré ? »

'Non; cette cérémonie doit avoir lieu le matin, je crois.

« Notre navire va donc naviguer toute la nuit avec un cadavre à bord ? s'exclama-t-elle en levant les yeux vers les étoiles puis en jetant un regard vers la mer. « Les superstitions des marins ne s'opposent-elles pas à de tels fardeaux ?

« Jack n'aime pas les cadavres », dis-je en faisant mine de reprendre ma position appuyée contre la rampe, comme si j'étais interrompu dans une rêverie ; car, si inoffensives que fussent ses questions, je n'appréciais pas du tout sa manière hautaine et autoritaire de les poser ; d'ailleurs, c'était la première fois que j'échangeais une phrase avec elle depuis cette nuit de l'abordage dans la Manche ; et le plaisir invincible que j'éprouvais à contempler sa beauté, qui *maintenant* , à mes jeunes yeux ardents, était idéalisée par le crépuscule étoilé par lequel je la contemplais dans des grâces au-delà de toute expression fascinantes, m'affecta aussi comme une sorte d'offense à ma propre dignité. , grâce à l'humeur qui avait grandi en moi à travers ce que j'avais dit et pensé à son sujet. « Mais, continuai-je négligemment, ce qui est considéré comme une superstition par le marin est un trait de nature commun à nous tous. On peut voyager loin sans rencontrer personne qui choisirait un cadavre pour compagnie.

Elle s'est dirigée vers la rampe à quelques mètres de là où je me trouvais et a regardé l'eau pendant un moment en silence, comme si elle ne m'avait pas entendu.

«Je préférerais mourir n'importe où qu'en mer», s'écria-t-elle, comme si elle réfléchissait à voix haute, en croisant soudain les mains sur sa poitrine, comme si un frisson lui était entré depuis l'océan sombre. « L'horreur d'être enterré dans ce vide me maintiendrait en vie. Oh, s'il est vrai, comme le dit Shakespeare, que les rêves peuvent nous rendre visite dans nos tombes — dans nos tombes à terre, où il y a des pâquerettes, du gazon vert et les ombres scintillantes des feuilles, et souvent la pleine lune et les hautes nuits d'été qui muent. une paix comme celle de Dieu lui-même, dépassant toute intelligence, sur les morts — *quelles* devraient être les visions qui entrent dans le sommeil de celui qui flotte au plus profond de ce grand mystère là-bas ?

C'était un passage d' humour que j'étais assez jeune pour avoir cajolé, et que j'ai cherché à améliorer chez n'importe quelle autre belle jeune femme selon son modèle ; mais mon caractère se trouvait alors être pervers et mon humeur insupportable aux sentiments.

« Pourquoi, dis-je en faisant semblant de regarder l'eau, quelle est la différence entre être descendu dans un cercueil et être jeté par-dessus bord dans un sac de toile avec un morceau de pierre sacrée aux pieds, quand on ne le sait pas ? Si l'on pouvait croire à la sirène, aux pavillons de corail illuminés de cressets brillants de feu marin, à ces doux chants qu'entonnaient autrefois les vierges *poissons* , qui balayaient leurs lyres d'or avec des bras d'ivoire et des doigts de perle, je crois que quand mon heure serait venue, je serais tout à fait disposé à franchir le pas, et je le *choisirais même* plutôt que… »

J'ai éloigné mes yeux de l'eau et j'ai vu sa silhouette dans la descente où elle flottait !

Une minute plus tard, le colonel Bannister arriva. Il s'est approché de moi, en me regardant fixement, et m'a dit : « Oh, c'est toi, Dugdale ! Je pensais que c'était le second. Voilà un joli essai ! Il y a un homme mort.

« Il n'y pouvait rien, colonel, dis-je.

« Oui, mais de quoi est-il mort ? il cria. «J'ai demandé à Hemmeridge , et il ne donnera pas de nom à la maladie. Je ne veux pas que cela aille plus loin, mais entre toi, moi et le montant du lit, pends-moi » (ici il modifia sa voix dans un extraordinaire murmure coassant) « si je ne crois pas cela à Hemmeridge » - et il leva la main. à sa bouche dans une posture de boisson. «Mon argument est qu'ils n'ont pas le droit de garder le corps. A quoi ça sert ? Puisque Hemmeridge est muet, qui pourra dire que le marin n'est pas mort de la variole ? C'est ça, tu vois ! Variole! et une foule de créatures à l'avant qui sont d'une négligence infernale en matière de propreté, comme le sont tous les marins, sans parler de notre foule à l'arrière qui, si une peste éclatait, devait périr. Attention, je dis *périr*! Où est ce second ?

Il traversa impétueusement le pont et se précipita du côté exposé de la dunette.

« Pardonnez-moi, monsieur, » dit l'homme au volant, parlant d'une voix grave, grave et salée ; " Ce n'est pas à moi comme moi de dire rien alors , du moins ici ; " il fit un pas sous le vent, tenant un rayon à bout de bras, pour cracher par-dessus le bastingage, puis revint : « mais j'ai entendu le maître d'équipage dire que tu as été marin à ton époque, et je sais que le monsieur qui vient de partir est un sojer . Et j'aurais pris ça très mal si, lorsqu'il vous avait dit que nous étions un groupe de fous , vous l' aviez traité de « menteur épanoui ».

« Il l'est donc, mon homme, dis-je, que je le lui dise ou non.

« J'ai navigué encore et encore sur des navires de troupes , s'écria l'homme en s'étouffant à moitié pour maîtriser sa voix colérique, et je pouvais dire que ce monsieur, malgré toute sa boue et le navire , -Shape le regarde dehors, il n'y a pas d' homme plus propre que le *guffy* . Vous lui faites savoir cela, monsieur ; et s'il n'y croit pas , et le capitaine le fera Donne -moi de partir, frappe-moi ! si je n'entreprends pas de discuter avec lui à la satisfaction de tous ceux qui choisissent d'écouter, soit après, en frappant le volant d'un coup de son immense poing ; « ou forrads » – un autre coup dur ; « ou en bas dans la cale » – un troisième coup ; 'ou là-haut, là-haut;' et là, il se frappa la cuisse d'un coup qui ressemblait au bruit d'une arme à feu.

« Roue là ! où conduisez-vous le navire ? cria le second du haut de la poupe ; mais c'était simplement un prétexte, je crois, pour échapper au colonel qui le suivait désormais.

Tandis qu'il avançait en grondant, j'avançai.

C'était le temps le plus doux et le plus délicat qu'on puisse imaginer le lendemain matin quand je suis monté sur le pont une heure avant l'heure du petit-déjeuner pour prendre un bain froid dans la tête du navire, ce qui est à mon avis le luxe le plus noble que la mer puisse offrir : rien à faire. mais pour vous déshabiller, laissez-vous tomber par-dessus le côté sur la grille entre les têtes de lit, bien hors de vue de la dunette, là où le bec de la pompe à tête, comme on l'appelle, vous commande, et continuez ainsi à jouer pendant une demi-heure. -une heure de repos par un simple marin, qui se fera un plaisir de vous rendre service pour la valeur d'un verre de grog. Oh, le délice au-delà du langage de la sensation s'enfonçant de part en part jusqu'à la moelle même qui vient avec le jaillissement de la saumure verte étincelante se déversant de l'écume vers le cœur étincelant des profondeurs d'où elle est aspirée !

Alors que je passais devant l'écoutille avant en me dirigeant vers l'arrière, j'observai un tas de quelque chose couché sous une bâche ; au même moment, le maître d'équipage sortait de sa couchette.

« Avez-vous su à quelle heure les funérailles doivent avoir lieu, monsieur ?

'Bénissez-moi!' m'écriai-je en sursaut, j'avais tout oublié. Il n'est pas étonnant que nous et nos ennuis soyons comparés à des étincelles qui volent vers le haut, car nous sommes éteints en un souffle et complètement oubliés. J'ai jeté un coup d'œil à la bâche sur l'écoutille avec un horrible souvenir frémissant du visage de l'homme tel que je l'avais vu pour la dernière fois mort dans sa couchette. «Non», dis-je; « Je ne peux pas vous dire quand ils ont l'intention de l'enterrer. Le plus tôt sera le mieux, devrais-je dire.

« C'est vrai pour vous, monsieur, » répondit-il ; Voici certains de nos gars qui jurent qu'ils ont fait de mauvais rêves la nuit dernière, tout cela à cause de cet homme mort qui gisait ici. Le fait est que Crabb n'était pas un favori , et depuis qu'il a fait son départ , comme on dit, les hommes veulent qu'il disparaisse pour de bon.

Pendant qu'il disait cela, le troisième officier, M. Playford , s'avança en chantant pour le maître d'équipage.

« Ici, monsieur, » répondit Smallridge d'une voix comme celle d'un mollet.

L'officier traversa l'écoutille en prenant soin de laisser une large place au tas sous la bâche.

« Les funérailles doivent avoir lieu à quatre cloches, maître d'équipage », dit-il. « Bonjour, M. Dugdale . Toutes les mains doivent être nettoyées et présentes. Dommage qu'il n'y ait plus de vent, M. Dugdale . Les échanges tardent énormément à arriver. Quatre cloches, mon chéri , d'ye entendre? Tout le monde, le grand enseigne, quatre porteurs de cercueil , ajouta-t-il avec un sourire, tout pour être en forme de navire et à la mode de Bristol, pour plaire aux dames, ajouta-t-il en me regardant d'un œil fermé.

« Eh bien, maintenant vous savez tout, M. Smallridge », dis-je, et je suis parti avec M. Playford ; et la cloche du petit-déjeuner sonnant alors, j'entrai dans la cuddy et pris ma place.

J'avais pensé à jeter un coup d'œil, peut-être *un seul* coup d'œil, pendant le repas, de la part de Miss Temple, qui se souviendrait probablement de ses quelques mots avec moi la veille au soir, et de son astuce cool consistant à se glisser pour me laisser parler à voix haute. Mais elle n'a jamais tourné les yeux vers moi. Elle parlait parfois à M. Colledge à travers la table , inclinait une fois sa belle silhouette vers le capitaine Keeling pour répondre à une de ses remarques, et échangeait parfois une phrase avec sa tante. Mais le reste d'entre nous aurait pu être aussi caché que le corps de Crabb l'était, malgré toute l'attention qu'elle nous accordait .

«Je suis heureux que ces funérailles aient lieu», m'a dit M. Johnson. « J'ai promis à un de mes amis, propriétaire d'un journal à Londres, une série d'articles sur ce voyage, et jusqu'à présent, je n'ai pas encore tout à fait trouvé mon chemin. Car que s'est-il passé, qu'il convient de le dire ? Détruisez ma perruque ! hormis cette collision, à laquelle je ne pouvais comprendre ni la tête ni la queue, et que je n'osais donc tenter, quel fantôme d'incident bon pour ce que je peux appeler la peinture de mots s'est produit ?

«Cet enterrement devrait vous donner la chance que vous désirez», dis-je.

« Oui », s'est-il exclamé ; « Je pourrai lui rendre justice, je crois. Je suis un peu incertain en matière de termes nautiques ; et quand j'en aurai terminé, je serais heureux si vous l'écoutiez, M. Dugdale , et corrigiez les erreurs techniques insignifiantes que je pourrais commettre. Même maintenant, je serai abattu si je parviens à faire la différence entre tribord et bâbord — je ne m'en souviens jamais, d'une manière ou d'une autre. Les mots se ressemblent tellement, vous savez.

« Si j'étais vous, dis-je, je ne laisserais pas l'ignorance de la vie marine m'empêcher d'écrire pleinement à son sujet. Peu de marins lisent ; personne d'autre ne comprend l'appel. Dites ce que vous voulez, et il vous suffit de jeter vos absurdités sur votre toile avec un pinceau sûr de vous pour être accepté comme une autorité.

« Pourtant, s'écria-t-il, dans le récit d'un enterrement en mer, j'aimerais avoir le gréement correct ; ni dans une description qui, ajouta-t-il avec complaisance, ne manquera probablement pas de certaines des qualités les plus raffinées de la poésie, ne serait-il pas souhaitable, aussi insignifiante que puisse être l'erreur aux yeux des terriens, de prendre le grand mât pour : laissez-moi vous dire, le boom des fessées.

Je lui ai assuré que je serais heureux d'entendre son récit lorsqu'il l'aurait écrit ; et peu après nous quittâmes la table et montâmes sur le pont.

Le navire offrait ce matin une très grande exposition de toile. Ses vergues étaient juste un peu renforcées en avant ; le point d'écoute de la grand-voile était relevé ; toutes les voiles à bâbord étaient sur elle, et en haut, elle avait quelque chose de l'apparence d'un navire de bataille avec ses immenses vergues carrées s'élevant jusqu'au camion, le grand treuil du hunier principal, avec ses quatre bandes de pointes de ris, des haubans et des chapiteaux extrêmement épais, et tous les cieux au-dessus de la proue et au loin jusqu'à bâbord, cachés par espace sur espace de tissu, resplendissant au soleil et jetant leur propre lumière sur l'air bleu dans une sorte de liquide jaillissant de rayonnement. sur leurs bords, tremblant dans une délicatesse exquise de contour comme une mince couche de glace sur le ciel. Au sommet, le pavillon rouge était en berne, flottant langoureusement dans de riches plis flambant neufs de pourpre ensoleillé au son de la respiration tranquille du vent sur le quartier. C'était une allusion à ce qui allait arriver, et vous en remarquiez l'influence sur les passagers, qui parlaient à voix basse et marchaient d'un air pensif, comme si c'était le sabbat et que le service divin allait bientôt avoir lieu . Il n'y avait rien en vue sur le large et brillant cercle qui l'entourait, à l'exception des épaules d'un groupe d'énormes nuages crème à l'ouest, ressemblant au métier montagneux d'un pays blanchi par la neige.

Peu avant dix heures, Smallridge , prenant position sur la tête du gaillard d'avant, appliqua son sifflet d'argent à ses lèvres et envoya l'appel métallique aigu résonner sur toute la longueur du navire, le suivant avec un rugissement d'ouragan profond de « » Tout le monde « s'occupe des funérailles ». Les Jack n'étaient plus au travail depuis l'heure du petit-déjeuner et, à l'invitation mélodieuse du maître d'équipage, ils sortirent du gaillard d'avant en dégringolant, tous vêtus de leurs tenues de temps chaud de l'époque : pantalons blancs amples , chemises colorées , vestes rondes, cols ouverts. à mi-hauteur de la poitrine, une demi-tonte de mouchoir de soie retroussé dans le nœud du marin, et, pour la plupart, des chapeaux ronds de paille, en forme de chapeau haut d' aujourd'hui, mais à couronne considérablement plus basse. Ils roulaient sobrement par groupes de trois ou quatre, et se massaient en avant de la passerelle et autour de l'écoutille, et l'énorme pilier du mât se dressait derrière elle. Au premier plan se tenait Smallridge , avec trois rangées de boutons de tissu sur sa veste, son visage battu par la tempête et lumineux par les récents rinçages, et ses joues encadrées par une paire de cols droits comme le ménestrel nègre de notre temps aime embellir son visage noirci. avec. A côté de lui se trouvait le voilier, ses petits yeux tachés de sang roulaient sans cesse vers l'arrière sur les gens sur la dunette, de chaque côté de son haut nez romain. A ses côtés se trouvait le cuisinier, un gros homme à l'air bilieux ; et près de lui le charpentier, un vieil Écossais desséché, au visage de cuir, plissé de mille rides par le temps, les intempéries et les humeurs.

Les premier, troisième et quatrième officiers prirent place un peu en arrière de la passerelle, laissant le second officier sur la poupe pour s'occuper du navire. Un jeune cargo vêtu de boutons brillants se tenait devant la cloche qu'il sonnait à l'heure funèbre, regardant constamment autour de lui pour trouver quelqu'un avec qui échanger un sourire . Quand tout le monde fut rassemblé, le capitaine sortit solennellement du câlin, le livre de prières à la main. Il était habillé comme les officiers, dans un long manteau bleu avec des revers, des poignets et un col en velours noir et un pantalon en jean blanc. Le seul trait qui distinguait son costume de celui des camarades était les poignets non décorés du manteau ; tandis que le second avait un bouton au poignet, le troisième trois et le quatrième quatre. Keeling était un homme d'une grande piété, et sa manière de s'adresser à cette affaire solennelle était pleine d'une crainte et d'une révérence d'antan, qu'on pourrait chercher bien loin parmi les capitaines de marine modernes pour trouver l'équivalent, dans un tel état d'esprit. en tout cas, comme celle d'enterrer les restes d'un gaillard d'avant. La plupart des passagers étaient regroupés le long de la pause de la dunette pour assister à la cérémonie. Je revois encore aujourd'hui très fraîchement cette grande et émouvante image : la masse de visages à moustaches, les uns dépassant les autres, presque toutes les mâchoires bougeant au rythme d'une chique rongée ; Keeling et ses officiers en pleine figue ; les robes multicolores des dames flottant le long de la rampe de dunette ; Je me souviens du silence profond qui s'est installé sur le beau navire, aucun bruit pour le briser mais le tintement de la cloche et le bruit de l'eau qui roulait paresseusement à côté. Très haut au-dessus de nous, les grands carrés de toile s'élevaient en nuages brillants, se gonflant les uns les autres avec un doux balancement de tout le tissu majestueux, comme si le navire était quelque chose de sensible, et gardait le rythme avec ses têtes de mât au son triste des carillons de quart. pont.

La cloche cessa ; l'aspirant sonna dix heures ; les Jacks sur le gaillard d'arrière formaient une allée, et par l'avant venaient quatre marins robustes, portant sur leurs épaules une grille d'écoutille sur laquelle était le hamac contenant le corps, recouvert du pavillon commercial de l'Angleterre. Une extrémité de cette grille reposait sur le rail sous le vent ; puis le capitaine commença à lire le service funèbre maritime. M. Johnson, qui se tenait près de moi, regardait la scène avec soif ; et il me semblait que M. Emmett, qui était perché sur le bastingage au vent, roulait ses yeux sur la masse de couleurs qui s'adoucit et s'éclaircit à mesure que le mouvement du navire déplace les ombres, comme si quelques fantaisies d'une toile surprenante devaient être créées à partir de le spectacle remuait dans son esprit. Le capitaine s'arrêta dans son discours ; l'enseigne fut arrachée, la grille inclinée et le hamac blanc projeté par-dessus bord. J'étais près du bastingage sous le vent et je jetais un coup d'œil vers la mer tandis que le hamac sortait du pavois. Mais le cercueil de l'océan, au lieu de couler, flottait vers l'arrière comme une bouée de sauvetage, se balançant courageusement lors de la chute de l'été, et se soulevant et s'enfonçant sur la houle aussi semblable à un canard qu'un canot de sauvetage flottant.

Je crois que personne d'autre que moi n'a vu cela, tout le monde écoutant avec révérence les dernières paroles du récital du capitaine tiré du livre de prières . Je marchai précipitamment vers l'arrière pour observer le hamac qui virait dans notre sillage, et fis signe à M. Cocker, qui traversa aussitôt le pont.

« Voyez là ! » m'écriai-je en désignant la chose qui s'agitait dans les tourbillons renversés par notre quille, et en rampant au loin pour suivre la lente progression du navire. "L'ami Crabb ne semble pas pressé de frapper à la porte de Davy Jones."

« J'imagine que cet imbécile de voilier a oublié de peser le corps », dit-il. « À moins que, » ajouta-t-il avec un léger changement dans sa voix, comme s'il pensait ce qu'il disait, alors qu'il ne voulait pas que je le suppose sérieusement, « ce type était trop coquin de son vivant pour couler maintenant qu'il est mort. rien qu'un corps.

« Je pensais, m'écriai-je, que les méchants marins, comme Falstaff, avaient un empressement à couler.

« Je vais donc vous dire un fait, M. Dugdale », dit-il. « J'étais à bord d'un bateau où nous avons enterré un homme qui avait assassiné un nègre en Jamaïque. C'était un voyou jusqu'aux talons jaunes, monsieur, avec une conscience bien pire, à notre avis, que même le sang d'un noir . C'était un calme plat lorsque nous l'avons laissé tomber par-dessus bord avec un coup de feu de douze livres sur les points d'écoute de son hamac. Il descendit ;

mais il revint et resta vacillant sous les chaînes principales. Le capitaine, n'aimant pas un tel voisin , ordonna qu'on fasse venir un bateau avec un nouveau poids pour le cadavre. C'était un autre coup de douze livres, et il l'a fait tomber, comme tout le monde s'y attendait. Mais à peine le bateau était-il hissé que le second, qui regardait par-dessus le bastingage, chante doucement : « Voici encore Joey. » Et *là* se trouvait le hamac juste sous les chaînes d'artimon. « C'était une chance qu'un souffle de vent soit arrivé à ce moment-là et ait emporté la barque , car si le calme avait duré, les hommes auraient juré que le corps s'était emparé du navire et ne le laisserait pas bouger. Mais quant à notre capacité à le couler un jour... » Il secoua la tête et désignant le hamac qui apparaissait maintenant comme une tache d'écume dans la queue de notre sillage, il s'écria : « C'est la même chose avec Crabb . Il est de ceux avec qui le vieux Davy n'a rien à voir.

La flûte du maître d'équipage retentit de nouveau ; la cérémonie était terminée. Les matelots se dirigèrent gravement vers le gaillard d'avant, les passagers se répartirent autour de la dunette.

"Ça vaut le détour, tu ne trouves pas ?" » dit M. Johnson en s'approchant de moi à la manière d'un homme fraîchement sorti d'une représentation sur scène qui lui a plu. « Laissez-moi seulement être sûr de mes détails nautiques, et je crois que je peux me diriger vers un très joli article, M. Dugdale .

CHAPITRE VIII
UNE ÉTRANGE CARGAISON

NOUS avons pris les alizés du nord-est sur les parallèles canariens ; mais ils soufflaient une brise très légère, qui manquait parfois, en effet, avec plus d'une fois une allusion positive à un changement dans le ciel à l'ouest, bien qu'aucun changement ne se produise. Le capitaine Keeling a déclaré que de tout son temps, il ne s'était jamais souvenu d'un alizé aussi faible . En effet, cela nous menaçait d'un long passage vers l'équateur, et encore et encore je me sentais aussi contrarié que si j'avais eu le commandement du navire, et ma réputation dépendait de sa progression, lorsque je montais sur le pont et trouvais le le long soulèvement bleu de la houle jaillissant vers notre hanche bâbord, juste tacheté de rousseur par le vent doux et délicat, avec à peine une ondulation de poids assez pour se transformer en écume, le point d'écoute de la grand-voile se balançant dedans et dehors, et les grands huniers, vers le la révérence du navire sur la houle, entrant dans les mâts avec de courtes claques, qui faisait bourdonner chaque écoute comme un fil de harpe torsadé à travers son trou de réa de vergue. Tout cela était très différent de ma propre expérience des alizés lorsque, pendant des jours et des jours, de vingt-sept degrés nord jusqu'à trente lieues de l'équateur, c'était une longue et sauvage navigation tonitruante, de l'écume jusqu'à l'écubier. des tuyaux, chaque vergue et chaque bôme de voile tendus sur son renfort comme un coureur sur sa bride, l'eau blanche sous le vent défilant dans un éblouissement, comme l'écume des sponsors d'un bateau à aubes, et toute la journée un fin bruit de vent rugissant. entre les mâts, et en haut les nuages laineux des alizés soufflant, chargés de teintes prismatiques, transversalement à la ligne de notre route.

Pourtant, nous avons réussi à passer le temps en nous divertissant un peu. M. Greenhew et M. Riley étaient éperdument amoureux de Miss Hudson et commençaient à se dire des sarcasmes lorsqu'il y avait des gens à proximité pour écouter leur conversation. M. Fairthorne accordait une attention très particulière à Miss Mary Joliffe. Mynheer Peter Hemskirk semblait trouver quelque chose d'agréable en compagnie de Miss Helen Trevor, une fille extrêmement grosse, aux yeux bleus, avec un bouquet de boucles de lin tombant devant chaque oreille et ses cheveux derrière lui tirés jusqu'à un grand peigne posé dans un regard étrange sur sa tête. Il y avait du sport dans tout cela pour une observation tranquille. Ensuite, il y avait toujours un whist à jouer . Même si le colonel Bannister était souvent d' humeur trop poivrée pour jouer, sa femme aristocratique au bec de faucon était toujours prête et désireuse de prendre la main, et les partenaires ne manquaient jamais lorsque M. Adam, M. Saunders ou M. Hodder était sur le point de se joindre à lui. .

Colledge et moi étions de bons amis et avions de longues discussions ensemble dans notre cabine et sur le pont. C'était peut-être parce que nous partagions une couchette que j'étais plus avec lui qu'avec les autres, même si M. Johnson a un jour tenté un coup d'ironie en disant que, bien sûr, mon intimité avec M. Colledge n'avait rien à voir avec les circonstances. qu'il était le fils d'un seigneur, « ce qui, ajouta-t-il, parle bien de votre cœur, Dugdale , car il a de très nombreuses et excellentes qualités.

'M. Johnson, dis-je, je ne vous trouve pas un génie très brillant, et je suis sûr que vous n'êtes pas très riche en dons de satire. Je vous conseillerais de consacrer ainsi tout ce que vous avez à votre profession, de peur que, lorsque vous vous installerez comme critique littéraire, vous ne vous retrouviez *gastados* , comme disent les Espagnols, épuisés.

Mais pour revenir à M. Colledge : la caractéristique pour laquelle je l'aimais le plus était une certaine naïveté. Il parlait de ses fiançailles avec Fanny Crawley comme un écolier parlerait d'une expérience similaire, et ne semblait pas savoir quoi en penser. Un jour, il était allongé sur sa couchette, fumant la pipe, la jambe par-dessus bord, la tête appuyée sur le bras, son beau visage rougi par la chaleur et ses doux yeux bleu foncé brillant comme du vin. J'étais sorti chaud et fatigué de la dunette, et j'étais allongé sur le pont sur mon matelas. Nous avions parlé de Miss Crawley, et il avait sorti son portrait de sa poche de poitrine pour l'examiner ; ce qui était en effet une de ses habitudes lorsqu'il parlait d'elle, comme s'il pouvait difficilement se persuader qu'il était fiancé sans d'abord y jeter un coup d'œil.

« Sur ma parole, Dugdale , dit-il nonchalamment, pendez-moi maintenant, s'il n'y avait pas Fanny ici, je proposerais à Louise Temple. C'est une fille déchirante, et le genre de femme que mon père aimerait ; une belle présence majestueuse pour un salon, hein ? Imaginez la dignité avec laquelle elle baiserait la main d'un souverain, faisant en sorte que l'affaire soit tout à fait inverse par son salut, et la reine à la confusion de tous les yeux. Mon père ne se soucie pas beaucoup de Fanny, n'a pas de style, pense-t-il, n'a rien de distingué chez elle.

« Mais vous êtes fiancé avec elle avec son approbation, je présume ? »

«Je ne sais pas», répondit-il.

J'ai ri et j'ai dit : « Miss Temple a-t-elle entendu dire que vous étiez fiancée ?

«Non», répondit-il avec un petit air confus; 'il n'était pas nécessaire de lui dire. Que doit-il y avoir dans un tel aveu pour l'intéresser ? Vous êtes la seule personne à bord du navire à qui j'en ai parlé. Bien sûr, je peux *vous faire confiance* , dit-il d'un ton apaisant.

'Fais-moi confiance!' m'exclamai-je en riant à nouveau. « Il n'y a sûrement rien de mal dans cet engagement pour que vous craigniez que le secret de celui-ci soit trahi ? Mais comme c'est *un* secret, il est parfaitement en sécurité sous ma garde.

« Pensez-vous que je devrais dire à Miss Temple que je suis fiancé ? » a-t-il dit.

« Eh bien, si vous lui faites l'amour, dis-je, il serait peut-être préférable de lui faire comprendre que vous n'êtes pas sérieux.

'Oh, mais, confusion, c'est moi *!* ' il pleure. « Je veux dire, » ajouta-t-il en se rattrapant, « je pense que c'est une fille incroyablement charmante, et la créature la plus charmante avec qui flirter que j'aie jamais rencontrée dans ma vie ; mais si je vais lui dire que je suis fiancé'——

'Bien?'

«Cela mettrait un terme à mon association avec elle. Ce n'est pas comme si Fanny était à la portée d'un premier poste. Même si j'étais disposé à rompre mes fiançailles avec elle, il me faudrait quelques mois pour le faire. Vous me comprenez ?

« Vous voulez dire, bien sûr, dis-je, qu'aucune lettre ne peut lui parvenir avant sept ou huit mois, à moins, en effet, que vous ne lui en transmettiez une par un navire à destination du pays.

« Oui ; mais en mettant de côté le navire de retour, Fanny ne pouvait connaître ma résolution - si jamais j'en arrivais là - jusqu'à ce qu'elle reçoive la lettre que je lui ai postée en Inde ; par conséquent, je devrais me considérer comme fiancé à elle pendant tout ce temps.

— Sans aucun doute, dis-je en commençant à m'ennuyer.

« Miss Temple serait de cet avis, dit-il, et c'est pourquoi je ne choisis pas de lui dire la vérité.

«Je ne suis pas tout à fait votre logique», m'exclamai-je; 'mais peu importe. Il se peut que vous souhaitiez trop d'amoureux. Mais en ce qui concerne votre secret, vous pouvez me faire confiance pour me taire. Peut-être puis-je admirer Miss Temple aussi chaleureusement que vous ; voir en elle des qualités supérieures même à son excellence de maîtresse de postures ; mais je ne l'aime pas encore assez passionnément pour ne pas souhaiter la voir un peu châtiée par la leçon qu'elle va probablement tirer de vos plaisirs dans sa société.

— Je ne comprends pas, s'écria-t-il en jetant paresseusement les cendres de sa pipe par le hublot ouvert.

Moi non plus », m'écriai-je en me levant en bâillant bruyamment. « Que le ciel nous bénisse, mon cher Colledge ! nous voilà maintenant, j'ose le dire, à pas moins de mille milles du promontoire africain le plus proche. Nous sommes donc sûrement assez éloignés de toute civilisation pour être à l'écart de l'influence des filles ! Suivez mon conseil et gardez votre cœur entier jusqu'à votre arrivée en Inde. Il se peut qu'une princesse vous y attende, plus susceptible d'apprécier une offrande de peau de tigre que Miss Temple ; tandis que le cœur brisé de Miss Crawley se rétablira rapidement lorsqu'elle apprendra que votre femme a la peau noire.

"Oh, accrochez tout!" Je l'entendis commencer ; mais j'en avais assez du sujet et je sortis d'un pas non plus pour voir ce qui se passait sur le pont.

Il y avait très peu de vent ; en effet, ici et là, autour de la mer, des étendues vitreuses chevauchaient le pouls tranquille de la longue et lente houle dans des cornes en forme de faux, comme si, en fait, un calme plat devait bientôt régner. Seule la toile la plus haute et la plus légère dormait ; les tissus les plus lourds pendaient de haut en bas, sans plus de vie que ce qu'ils tiraient de la poussée du navire ; et si profonds que nous soyons encore au cœur de l'Atlantique Nord, il y avait, me semblait-il, une véritable touche tropicale dans l'aspect des choses − dans le bleu clair et pâle du ciel ; dans le mouvement lent des nuages, avec leurs sourcils arrondis se détachant d'une teinte cuivrée ; dans le flottement de l'atmosphère sur la ligne chaude des pavois, comme s'il y avait une sorte de vapeur qui montait du bois ; dans l'aspect desséché des trains roulants et dans le reflet salé des planches blanches ; dans les figures d'hommes au visage cramoisi, les pieds nus, les bras et la poitrine nus, venant encore et encore vers le grand seau, fouettés un peu en avant de la passerelle et buvant dans la louche métallique.

Quand je suis arrivé sur la poupe, j'ai trouvé le capitaine debout à l'arrière entouré d'un certain nombre de dames , dirigeant une jumelle vers la mer au-dessus de la proue tribord. Le second en tête de l'échelle de dunette regardait également dans le même quartier, avec M. Johnson à ses côtés, le dérangeant de questions, et le petit Saunders sur la pointe des pieds , pour voir par-dessus la rampe, éventant son visage avec un grand battement de tête. noir bien éveillé.

Je me suis avancé sur le côté pour regarder et j'ai vu un objet distant d'environ un mile, qui émettait de temps en temps un éclair de lumière humide. J'ai demandé au second de me prêter son verre et j'ai immédiatement compris qu'il s'agissait d'une coque chavirée d'un navire d'environ quatre-vingts tonneaux. Elle flottait presque jusqu'à la ligne de son revêtement jaune, et le métal doré s'élevant mouillé vers le soleil sous le doux balayage de la saumure bleue lançait des éclairs aussi éblouissants que la flamme de la bouche d'un canon.

J'ai rendu le verre à M. Prance.

« Elle n'est pas dans cet état depuis longtemps, je crois ? dis-je.

"Pas vingt-quatre heures, devrais-je dire", répondit-il. "Je ne vois aucune épave flottant autour d'elle."

— Moi non plus. Si elle avait un équipage à bord lorsqu'elle s'est transformée en tortue, dis-je, elle les aurait peut-être frappés comme on emprisonne des mouches sous un gobelet.

« Que Dieu nous bénisse, quelle mort horrible mourir ! » s'écria le petit Saunders. "Je ne peux concevoir aucune agonie comparable à celle d'être dans une cabine d'un navire en perdition et de couler avec elle, et *de savoir* qu'elle est sous l'eau et qu'elle est toujours en train de s'installer."

Le petit bonhomme frémit et sortit un grand mouchoir bleu avec lequel il s'essuya le front.

« Combien de temps un homme peut-il vivre dans une cabane sous l'eau ? » » a demandé M. Johnson.

"Assez longtemps pour s'en sortir", répondit le second en retirant le verre de son œil et en regardant M. Johnson. « Je vais vous raconter une drôle de histoire en quelques mots, monsieur ; assez sauvage pour fournir un conte marin à fond de cuivre A1 à l'un de vous, messieurs littéraires. Un petit bâtiment a été démâté entre Tariffa et Tanger, au milieu du Gut. Tout son équipage, à l'exception d'un homme, s'est enfui dans le bateau. L'homme qui restait gisait ivre dans la cabine. Une mer a déplacé sa cargaison ; peu de temps après, elle a chaviré et est tombée. Quelques jours plus tard, ce même navire remontait du fond de la mer jusqu'au rivage près de Tanger. Elle a été embarquée et ils ont trouvé l'homme vivant dans la cabine.

« Quelle était la cargaison du navire, M. Prance ? » demanda le petit Saunders.

« De l'huile et du cognac, monsieur.

« Ne pensez-vous pas, s'écria M. Johnson, que votre histoire serait très acceptable pour les marines, M. Prance, mais que vos marins ne la croiraient pas si vous la leur racontiez ?

Ici, le capitaine, qui s'avançait lentement, accompagné d'une demi-douzaine de dames , nous interrompit.

'M. Caracoler.'

'Monsieur?'

« Cet objet là-bas constitue un danger pour la navigation. Je pense que ce serait gentil de notre part de tenter notre chance.

« Oui, oui, monsieur. »

« Nous allons déplacer la barre, » continua le vieux Keeling, avec la voix et l'air embrochés et boutonnés qu'il avait l'habitude d'utiliser lorsqu'il s'adressait à ses camarades en présence des passagers, « de manière à amener l'épave à la portée de l'équipage. nos caronades.

'Tres bien Monsieur.'

« Je m'attends, » continua le vieux Marline-Spike, « qu'il flotte dans les airs dans sa cale plutôt que sur sa cargaison, même si elle est en liège ; et si nous pouvons lui faire un trou, elle coulera.

M. Prance s'est mis à la barre et le cap du navire a été modifié. Les instructions ont été avancées ; et le maître d'équipage, qui combinait à ses fonctions les fonctions de chef canonnier à bord du *Comtesse Ida* , surveillait le chargement de quelques pièces.

« S'il vous plaît, dites-moi quand ils vont tirer, M. Riley, afin que je puisse me boucher les oreilles », s'écria Miss Hudson, qui ressemblait ce matin-là à une très jolie petite femme avec un large chapeau de paille et un corps en tissu semblable à de la mousseline. , à travers laquelle apparaissait la neige de sa gorge et de son cou , faisant penser à une rose blanche dans un vase de cristal.

M. Greenhew , avec un regard plein de ciseaux et de vis à oreilles, comme disent les marins, à M. Riley, a dit à Miss Hudson que si elle s'opposait au bruit, il insisterait pour que l'arme ne soit pas tirée et en ferait un geste personnel. affaire entre lui et le capitaine.

« Pas pour rien, merci beaucoup quand même », dit Miss Hudson en lui envoyant un regard languissant à travers ses cils ; ce qui, étant témoin de M. Riley, occasionnerait, je n'en doutais pas, une grande dépense de sarcasme entre les jeunes hommes plus tard.

Le mouvement du navire était très lent, et nous avions flotté presque imperceptiblement sur l'épave. Le capitaine suggéra alors aux dames de monter à l'arrière, et elles partirent dans un tourbillon de robes multicolores , Mme Colonel Bannister ouvrant la marche, et Mme Hudson boitant dans le sillage, les doigts dans les oreilles. Un type au visage violet et aux immenses moustaches apercevait la pièce.

« Lâchez votre vol maintenant, dès que vous êtes prêt », a crié M. Prance.

Il y eut une explosion rugissante ; M. Johnson recula sur les pieds de M. Emmett, qui cria de douleur, et sauta jusqu'à la lucarne avec un pied dans la main. Il y eut plusieurs cris de la part des dames, et je pensai aux moustaches du colonel, qui se tenait à côté de moi, regardant avec soif, fourchues avec une tension supplémentaire de chaque fibre séparée , le tonnerre du fusil et l'odeur de la poudre. Le ballon est passé à côté.

« Un autre coup ! » » cria M. Prance.

Claquer! est allé le morceau. J'avais à ce moment l'œil sur l'épave, et je vis la moitié de l' étambot , d'où le gouvernail avait disparu, et quelques pieds de la quille à laquelle il était fixé, disparaître comme une bouteille brisée.

"C'est fait!" s'écria le vieux Keeling avec enthousiasme alors qu'il observait l'épave à travers ses jumelles. "Si un trou qui laisse passer l'air doit le couler, il risque de sombrer."

A peine avait-il dit cela qu'un soudain rugissement de voix se fit entendre dans toute la longueur de notre navire.

'Voir! elle est pleine d'hommes !

« Cœur vivant, d'où viennent-ils ?

"Ils se lèvent comme s'il s'agissait de cadavres et la dernière détonation retentissait."

« Que seront-ils ? Que seront-ils ?

« Défendez-nous ! ils doivent tous être à flot dans une minute et se noyer !

Cinquante exclamations de ce genre roulaient le long des pavois, où les matelots s'étaient rassemblés en grande compagnie pour observer l'effet du coup de feu. Il n'y avait pas de verre à ma portée ; mais ma vue était perçante, et au premier abord j'ai cru que la coque avait été une esclavagiste, qu'elle avait chaviré alors qu'elle était pleine de nègres, et que notre balle avait fait un trou d'homme à l'arrière assez grand pour qu'ils puissent s'échapper par là. . Ils étaient vingt ou trente. Ils franchissaient l'ouverture avec une agilité extraordinaire, et la plupart d'entre eux tenaient un siège très ferme sur la ligne épurée de la quille. Mais de temps en temps, l'un ou l'autre d'entre eux perdait l'équilibre et glissait le long de la surface dure et brillante du revêtement jaune sur le rond de la cale dodue dans l'eau, où on l'observait faire des efforts frénétiques mais vains pour remonter le bateau mouillé. et pente glissante.

« Des singes, comme je suis un homme ! rugit M. Prance.

« Une cargaison de singes, monsieur ! » criait le patron à l'autre bout de la poupe, tout en gardant ses lunettes pointées vers l'épave.

Une sorte de gémissement d'étonnement, suivi d'un éclat de rire sauvage, s'éleva de la part des Jack. En effet, il fallait bien regarder la chose pour y croire, tant l'incident était incroyablement étrange. Un instant, l'épave n'était qu'une simple courbe de revêtement jaune nu qui brillait vers le soleil tandis qu'elle roulait ; le suivant, pouf ! » fit le tonnerre du pistolet, et comme si ses lèvres adamantines et souriantes possédaient une puissance d'invocation magique et diabolique, voilà ! le trou fait par le tir faisait vomir des singes, et en un clin d'œil les ronds radieux du tissu à quille relevée furent recouverts de figures de créatures accroupies, accrochées et souriantes de toutes tailles, certaines ressemblant à de petits bébés poilus, d'autres à des hommes aussi grands. du moins comme M. Saunders.

"Je pense qu'il y aura bientôt un être humain qui sortira de ce trou", a déclaré M. Prance. « Il doit être plus lent que les singes si c'est un homme. Combien en faites-vous , monsieur Dugdale ?

« Une trentaine ou une quarantaine », dis-je. « Mais je vous dis quoi, M. Prance : il n'en restera plus dans quelques minutes, car la coque coule rapidement.

À cet instant, le capitaine Keeling chanta : « M. Caracolez... ayez un des quarter-boats en équipage. C'est bien ce que je pensais : la coque flottait dans les airs dans sa cale et elle s'installe rapidement. Nous ne pouvons pas laisser ces pauvres créatures se noyer. Renforcez le hunier principal.

L'équipage d'un bateau s'est regroupé vers l'arrière au cri du second ; dans une grande hâte, les grognes furent lancées à la dérive, et les palans se relâchèrent avec les hommes à leur place, et le quatrième officier dans les écoutes arrière transportant le gouvernail alors que le bateau coulait. Il y avait pour le moment beaucoup de confusion, entre les déboulements des matelots à l'arrière, les passagers quittant leur route, le brouhaha des voix de dames et les cris des matelots traînant sur les grand-bras pour faire reculer le bateau. mètres.

"La voilà!" m'écriai-je ; « Il n'y aura pas beaucoup de créatures sauvées, je crois. Les singes sont des nageurs indifférents.

« Vif maintenant, M. Jenkinson », a crié M. Prance au quatrième officier, « sinon ils vont tous se noyer ».

Les gars cédèrent avec volonté, et le bateau bourdonna vers le carré de petites têtes noires qui montaient et descendaient sur la houle comme si un sac de noix de coco eût chaviré là-bas. Toutes les mains regardaient en silence. La lutte pour la noyade d'une seule bête est un spectacle pitoyable ; mais voir périr une foule, toute une cohue de brutes contrefaire horriblement l'aspect et les mouvements de l'humanité souffrante par leurs visages et leurs gestes, est douloureux et même intolérable. Les dames étaient arrivées à l'extrémité avant de la poupe, à l'écart des matelots tirant sur le renfort principal, et je me suis retrouvé à côté de Miss Temple, près de la bastingage.

« Ce *sont* des singes, je suppose ? » dit-elle en me lançant rapidement un regard de ses yeux noirs, puis en regardant à nouveau vers la mer avec son visage pâle aussi impassible qu'un morceau de sculpture, et rien ne montrant qu'elle était le moins du monde émue par l'excitation de la scène de des singes qui se noyaient et un bateau à grande vitesse, sauvant ses lèvres entrouvertes, comme si elle respirait un peu vite.

« Ce sont autant des singes, dis-je, que la fourrure et la queue peuvent constituer une créature.

« Pensez-vous qu'il y avait des personnes vivantes enfermées dans cette cale ?

'Dieu pardonne!' dis-je. Ce n'est pas une chose à conjecturer *maintenant* .

« Comment ces singes auraient-ils pu vivre sans air ?

« Il devait y avoir de l'air, Miss Temple, sinon ils n'auraient pas pu vivre. L'histoire du naufrage me semble assez simple. C'était sans doute une petite goélette venue des côtes brésiliennes, à destination d'un port européen avec un chargement de singes, qui sont toujours une marchandise vendable. Ils seraient peut-être rangés quelque part à l'arrière du couloir, comme on l'appelle. Le navire chavira et flotta, comme le suggéra le capitaine Keeling, dans les airs. Notre boulet de canon a fait un trou dans la carcasse juste au-dessus des quartiers des singes, et ils sont sortis. Je peux vous raconter des choses plus merveilleuses que cela.

"Elle a dû *chavirer* , comme vous l'appelez, très récemment", dit-elle en me jetant à nouveau un coup d'œil - c'était rarement plus qu'un simple regard avec elle, comme si elle croyait qu'une telle beauté que ses yeux leur avaient droit à une intimité royale. .

«Sans aucun doute», répondis-je.

À ce moment-là, le bateau avait atteint l'endroit où la carcasse avait sombré, et nous pouvions voir les hommes étendus sur le bord qui ramassaient les singes. J'ai parcouru avec impatience la surface, imaginant d'une manière ou d'une autre qu'un ou plusieurs corps d'hommes pourraient s'élever ; mais il n'y avait rien de tel à voir . Le bateau s'attardait avec les gars à bord qui se levaient et regardaient autour d'eux. Ils se rasseyèrent alors, les rames scintillèrent, et bientôt le petit tissu vint se précipiter dans l'eau jusqu'au bord.

« Combien en avez-vous ramassé, M. Jenkinson ! » s'écria le compagnon.

« Seulement huit, monsieur. Je crois qu'ils étaient à moitié morts de faim et de soif, et n'avaient plus la force de nager, car la plupart d'entre eux avaient coulé avant que nous puissions les approcher.

"Rendez ces pauvres brutes."

Certains des Jacks ont sauté dans les chaînes pour recevoir les créatures, et elles ont été passées par-dessus le bastingage jusqu'à la dunette . Même si l'on pouvait plaindre ces malheureuses brutes, il était impossible de les regarder avec un visage grave. L'un d'eux était un singe avec des moustaches blanches comme un volant et une touffe de poils sur le front qui rendait le reste de sa tête chauve. Il avait perdu un œil, mais l'autre œillère était si pleine d'expression humaine que je me suis retrouvé à trembler de rire en le regardant. Il était assis sur ses jambes comme un Lascar, nous regardant de son œil unique avec un visage ridé et souriant d'un attrait grotesque au-delà des imaginations les plus folles du caricaturiste. Il y avait un joli petit bonhomme avec une fourrure rouge sur la poitrine comme un gilet. Certaines créatures, en sentant les planches chaudes du pont, se couchèrent dans la posture exacte des êtres humains, reposant leur tête sur leurs bras étendus et fermant les yeux.

« Bo'sun , appela M. Prance, faites avancer ces pauvres bêtes et donnez-leur de l'eau et de la nourriture. Faites pivoter la vergue du hunier – sous les renforts du hunier principal.

En quelques minutes, la dunette était à nouveau dégagée, un simple matelot nettoyant les espaces humides laissés par les singes, et le navire poursuivait tranquillement sa route.

CHAPITRE IX
UN COUP SECRET

EN mer, une très petite chose peut aller très loin, et vous supposerez que cet incident des singes nous a donné matière à parler et à nous interroger . Ce soir-là, à table, le vieux Keeling nous a fait un long récit sur une embarcation française qui a chaviré quelque part au large des îles Scilly avec quatre hommes à son bord : comment l'air dans sa cale la maintenait flottante ; comment les gars grimpaient dans l'enclos et s'asseyaient la tête contre le fond du navire ; comment l'un d'eux s'efforçait de faire tomber une planche, afin de voir si des secours étaient là, sans se douter que s'il laissait l'air s'échapper, la coque coulerait ; comment, à l'insu des misérables prisonniers, une claque est tombée sur l'embarcation chavirée et a tenté de la remorquer, mais a abandonné après que la ligne se soit séparée deux ou trois fois ; comment elle s'est finalement échouée sur l'une des îles Scilly ; et comment un des habitants descendant pour voir l'épave, s'enfuit comme si le diable le poursuivait, en entendant le bruit des voix à l'intérieur.

M. Johnson m'a chuchoté : « Je *n'y* crois pas ; et le colonel Bannister écoutait avec un beau regard incrédule fixé sur le visage cramoisi du capitaine ; mais le reste d'entre nous était extrêmement intéressé, en particulier les dames plus âgées qui, dans le dos du vieux Keeling, parlaient de lui comme d'un « amour ».

Nous avons convenu entre nous d'acheter les singes à l' équipage du bateau qui les avait sauvés, laissant le singe aux marins pour en faire un animal de compagnie. L'affaire fut discutée lors de ce dîner, et j'entendis Miss Temple demander à M. Colledge d'essayer de lui procurer le petit singe au gilet rouge. Elle était la seule des dames à vouloir un singe.

« En voulez - *vous* un, Miss Hudson ? » dis-je.

Elle frémit de la plus jolie façon.

« Oh, je déteste les singes », s'écria-t-elle ; « ils ressemblent tellement aux hommes, vous savez ! »

« Alors, selon toutes les lois de la logique, brailla le colonel avec un grand rire, vous devez haïr davantage les hommes, madame. Vous ne voyez pas ?—ha ! ha ! Pourquoi détestes-tu les singes ? Parce qu'ils sont comme les hommes. Combien donc devez-vous haïr les hommes, l'original du singe !

Il éclata de nouveau de rire. En fait, il n'y a jamais eu d'homme qui ait autant apprécié ses propres plaisanteries que le colonel Bannister.

Miss Hudson rougit et s'éventa.

« Moi aussi, je déteste les singes, s'écria M. Greenhew , et c'est pour cette raison que Miss Hudson les déteste ; et ici il regarda très attentivement le colonel.

"Eh bien, certainement, les sentiments de camaraderie ne nous rendent pas *toujours* gentils", murmura M. Riley d'une voix audible, en se mettant un verre dans l'œil pour regarder autour de lui tout en riant.

Ici, l'intendant dit quelque chose à voix basse à M. Prance, qui me regarda et dit d'un ton creux et tragique : « Cinq des singes sont morts, monsieur.

J'ai annoncé la nouvelle au capitaine.

«Je suis désolé de l'entendre, M. Dugdale », répondit-il d'une voix sèche; mais vous ne voulez pas que j'ouvre une liste d'abonnements pour les veuves, n'est-ce pas ?

— Quelqu'un peut-il dire si le petit bonhomme au gilet rouge est mort ? s'écria M. Colledge .

« La main morte est partie, monsieur », s'est exclamé le steward en chef cockney.

« Que reste-t-il du lot ? demanda Keeling.

« Le bonheur , monsieur ; et les deux petits gars qui ont été sauvés avec leurs queues ont mangé à moitié, comme ils le supposent, répondit l'intendant.

M. Johnson a éclaté de rire.

"Queues mangées!" s'écria Mme Bannister, plaçant une paire de lunettes d'or sur son nez romain tandis qu'elle s'adressait au capitaine. « Y a-t-il des requins ici ? »

«Je devrais dire non, madame», répondit le patron. "C'est une astuce à laquelle les singes se rongent la queue, comme les êtres humains se rongent les ongles."

« Et quand ils ont consumé leur queue, capitaine Keeling, » dit Mme Hudson d'une voix plutôt vulgaire, « continuent-ils avec le reste d'eux-mêmes ?

— Je crois qu'ils ne sont gênés, madame, dit Keeling avec un visage grave, qu'en se découvrant, après une limite donnée, quelque peu inaccessible.

«Je n'aime pas les singes», dit Mme Joliffe à M. Saunders; "mais j'imagine que les philosophes naturels trouveraient leurs habitudes et leurs goûts comme sujets d'étude très intéressants."

Le petit bonhomme remuait avec inquiétude sur sa chaise, avec un demi-regard de haut en bas, pour voir si quelqu'un souriait.

"Le singe qui se mange la queue", s'est exclamé M. Emmett, "est à mon avis un très beau symbole."

'De quoi?' » demanda M. Hodder.

"D'un jeune homme dissipé dévorant la fortune qui lui a été laissée", répondit M. Emmett.

'Très vrai; vraiment très bien!' s'écria M. Adams, l'avocat, en riant .

La mort des singes a mis fin au projet de les acheter. Il ne fallait pas penser au singe borgne ; et maintenant qu'on savait que les queues des autres survivants n'étaient que des moignons, le sujet fut unanimement abandonné, et les trois pauvres bêtes laissèrent aux matelots faire ce qu'ils voulaient.

En tant qu'incident, l'affaire aurait pu servir pour la journée, tant la vie à bord est ennuyeuse, avec rien d'autre à espérer que l'heure du repas. Mais quelque chose d'autre allait se passer ce soir-là.

Deux cloches — neuf heures — avaient sonné. La plupart des passagers étaient en bas, car il y avait beaucoup de rosée dans l'air, trop pour les robes fines des dames, qu'on voyait, à travers la lucarne, lire et causer dans la câline, avec une fête. de joueurs de whist à table, les nez de M. Emmett et M. Hodder rapprochés sur une planche de cribbage, et Colledge aux échecs avec Miss Temple, Miss Hudson en face, appuyant sa tête brillante sur son bras nu jusqu'au coude, un membre sans défaut. en fait, je les regarde. La brise s'était rafraîchie au coucher du soleil. Il y avait une demi-lune dans le ciel, avec un disque d'un éclat tropique, et l'océan sous sa lumière s'étendait jusqu'à ses limites dans une surface ferme et sombre comme de l'indigo poli, sauf que sous la planète il y avait un long sillage tremblant, et un éclat glacial dans les eaux orientales, au-dessus duquel pendait une grande et la plus belle étoile ; mais bien qu'il y ait assez de brise pour créer une joyeuse ondulation dans la mer, le contour de chaque petite vague était trop délicat pour attirer l'œil, à moins que l'eau blanche ne se brise à proximité ; et les profondeurs débordaient vers les luminaires lointains, une ombre puissante.

Le patron était en bas ; M. Cocker était responsable du pont et je le rejoignis dans sa promenade. Il parlait des singes, comment les pauvres malheureux étaient morts les uns après les autres dans le gaillard d'avant.

«J'ai vu l'un d'eux mourir», dit- il: «sur ma vie, M. Dugdale , c'était comme voir un être humain expirer. Je ne m'étonne pas que les femmes n'aiment pas ce genre de bêtes. Pour ma part, je considère les singes comme des parents pauvres.

« De quoi riaient les hommes, peu après notre retour du dîner ? J'ai demandé.

« Eh bien, monsieur, chez le petit John Chinaman. Le singe était sur la trappe avant, retenu par un morceau de corde autour de sa taille. Johnny est allé le voir. Il n'y avait personne – du moins, il le pensait. Il regarda fixement le singe, qui le regardait avec impatience de son œil unique, puis dit : « Je dis, d'où viens-tu, hein ? Le singe a continué à regarder. "Oh, vous pouvez parler ", a poursuivi John ; « moi , tu peux le faire pour parler . Pourquoi tu ne parles pas , hein ? Je te demande d'où viens-tu ? D'où viens-tu?" Le singe a attrapé une puce. "Comment tu chavires, hein?" » demanda aussi gravement le fou chinois, M. Dugdale , disent les hommes, comme s'il s'adressait à vous ou à moi. " Speakee soft, comment tu chavires, hein ? " Cela a duré, m'a-t-on dit, pendant dix minutes, les hommes venant pendant ce temps sur la pointe des pieds écouter par-dessus le bord du gaillard d'avant jusqu'à ce qu'ils n'en puissent plus, et leur éclat de rire était ce que vous entendiez, monsieur.

« C'est juste un peu de fausse posture chez Johnny, vous ne trouvez pas ? » dis-je. Il pourrait deviner que les hommes écoutaient. S'il avait été nègre , maintenant. Mais un Chinois sait très bien qu'un singe ne peut pas parler.

« Ce John est quelqu'un qui ne sait pas, je le jure. D'ailleurs, monsieur, les Chinois ne sont pas aussi génies qu'on l'imagine. Il y en a des milliers parmi eux qui correspondent avec notre paysannerie ignorante et superstitieuse chez nous. Je me souviens qu'à Chusan , quatre Chinois étaient engagés pour transporter un piano hors de la cabine. Tandis qu'ils luttaient avec lui sur la dunette , une corde se brisa avec un *bruit sourd* , sur laquelle ils posèrent l'instrument et s'enfuirent en l'observant de loin avec des visages travaillant avec effroi et étonnement. Le compagnon a appelé pour savoir ce qu'il voulait dire en abandonnant son travail. « Son esprit ! lui parle , s'écrièrent-ils ; en fait, ils n'auraient plus rien à voir avec le piano ; et quand quelques membres de l'équipage le ramassèrent pour le porter jusqu'à la passerelle, les Johns frémissants reculèrent et reculèrent vers le gaillard d'avant, comme si l'instrument était une cage dans laquelle se trouvait une bête sauvage qui pouvait à tout moment bondir sur eux. .'

Pendant qu'il parlait, j'avais observé une étoile s'éloigner lentement du bord de la grand-voile vers le vent, comme si elle balayait le ciel pour son propre compte selon une trajectoire parallèle à la ligne d'horizon. Mon attention était fixée sur ce que disait mon compagnon, et mon regard se posait machinalement sur l'étoile. Soudain, la vérité m'est apparue et j'ai commencé.

« Pourquoi, M. Cocker, qu'arrive-t-il au navire ? Est-ce qu'on rentre encore à la maison ? Elle reprend vite ses esprits ! Vous y aurez toutes vos voiles étourdissantes à bâbord dans une minute.

Il avait été trop absorbé par notre conversation pour s'en apercevoir.

« Roue là ! » » cria-t-il en courant vers l'arrière en pleurant. « Que fais-tu avec le navire ? Portez votre enfer , mec, portez votre enfer !'

Je me suis dépêché de le suivre pour voir ce qui n'allait pas . La roue était déserte et, à mesure que je m'approchais, je vis le cercle tourner contre les étoiles au-dessus du taffrail comme un moulin à vent dans un coup de vent. A côté, couché sur le pont, les bras tendus et le visage baissé, se trouvait la silhouette du timonier.

« Il est dans une crise », s'écria le second en saisissant la barre et en la faisant tourner pour ramener le navire sur sa route.

Ici, le capitaine Keeling monta précipitamment les marches du compagnon.

« Où est l'officier de quart ? il cria.

« Ici, monsieur », répondit Cocker depuis le volant.

« Savez-vous, monsieur, s'écria le capitaine, que vous êtes à quatre points de votre route ?

— Le timonier est tombé dans une crise, ou bien il est mort ici, monsieur, répondit le second.

Le capitaine a vu ce qui se passait et a crié pour que quelques mains viennent à l'arrière. Les passagers qui se trouvaient sur le pont se rassemblèrent en groupe autour du volant.

'Qu'est-ce que c'est?' s'écria le petit M. Saunders en se penchant près de la tête du marin prosterné. « Du sang, messieurs ! il s'est excalmé. « Voyez-en la grande tache ici ! Cet homme a été frappé par quelqu'un.

'Qu'est ce que c'est? Qu'est ce que c'est?' s'écria le vieux Keeling en pliant son pied-de-biche vers la tache. « Oui, il a été abattu comme vous le dites, M. Saunders. Qui a fait cette chose ? Regardez autour de vous, hommes ; voyez s'il y a quelqu'un caché ici.

Trois ou quatre types étaient tombés à l'arrière. L'un prenait le volant au second ; et les autres, ainsi que les aspirants de quart, se mirent à scruter sous les grilles et dans le cabriolet qui pendait à l'arrière au ras du taffrail , et en haut ; mais il n'y avait rien de vivant à trouver, et le grand tissu de mâts d'artimon et de voiles blanchis au camion par la lune, et les vergues apparaissant en lignes noires sur les étoiles, planaient sans tache ni mouvement, sauvant ici et là un une ombre mince sur les toiles pâles rampait au mouvement des espars.

Le Dr Hemmeridge arrivait maintenant. Le marin, qui paraissait mort comme une pierre, fut retourné et soutenu par deux matelots, et le médecin l'examina à l'aide de la lampe de l'habitacle. Il y avait une entaille désespérée sur le côté gauche de la tête. Le petit chapeau de paille que portait le pauvre garçon était coupé de part en part, comme s'il avait été coupé par un hachoir. Il y avait beaucoup de sang sur le pont, et le visage de l'homme était suffisamment horrible, avec sa barbe cramoisie et dégoulinante, à donner le cœur mal .

« Est-il mort, pensez-vous ? demanda le capitaine.

«Je ne peux pas encore le dire», répondit le médecin. « Relevez-le, mes amis, et portez-le immédiatement jusqu'à sa couchette. »

Les matelots, suivis du médecin, allèrent, chancelants sous leur fardeau, le long de la poupe et disparurent, laissant un petit groupe d'entre nous à la barre, muets d'émerveillement, et regardant autour de nous avec des yeux qui brillaient jusqu'à la flamme de la lampe de l'habitacle que M. . Cocker a encore tenu.

« Maintenant, *comment* est-ce arrivé ? » » demanda le vieux Keeling après un long regard en l'air. « Avez-vous quitté le pont, M. Cocker ?

« Non, monsieur, pas un seul instant ; M. Dugdale en sera témoin.

«C'est vrai», dis-je.

« Est-ce qu'aucun homme n'est venu vers l'avant avec la dunette ?

« Non, monsieur ; Je le jure, répondit M. Cocker.

« L'un de vous, jeunes messieurs, est-il allé en altitude ? » » dit Keeling en s'adressant aux aspirants.

— Non, monsieur, répondit l'un d'eux, ni en haut, ni encore en arrière du gréement d'artimon depuis une demi-heure.

Le vieux type ôta la lampe des mains de M. Cocker et regarda sous les grilles, puis s'y approcha et regarda à l'intérieur du cabriolet, comme s'il n'était pas satisfait de l'inspection antérieure de ces cachettes.

« Très extraordinaire ! » il s'est excalmé; "Est-ce qu'un fou l'a fait, puis a sauté par-dessus bord ?"

Il regarda les côtés à bâbord et à tribord. Les quarts de galeries étaient petites, avec des bosses pour les croisillons principaux qui s'étendaient à partir d'elles. Ils n'étaient pas loués.

« Comment s'appelait cet homme, M. Cocker ? »

« Simpson, monsieur. »

« Était-il un attaquant impopulaire, le savez-vous ? S'était-il disputé récemment avec un homme ?

«Je vais me renseigner, monsieur.»

Le vieux Keeling semblait aussi déconcerté qu'une personne fraîchement réveillée d'un rêve ; et, en effet, c'était une chose extraordinaire et incroyable. M. Saunders et Mynheer Hemskirk , avec un ou deux autres qui se trouvaient sur le pont à ce moment-là, a juré qu'aucun homme n'était venu vers l'arrière en direction du gaillard d'avant. Ils conversaient en groupe un peu en avant du mât d'artimon et pouvaient jurer qu'il n'y avait aucune créature vivante en arrière de ce point au moment de l'événement, sauf l'homme qui avait été si mystérieusement tombé sur le pont.

«Il l' a fait lui-même», a déclaré Hemskirk .

'Quoi! Il s'est donné un coup qui a transpercé son chapeau jusqu'au crâne ? s'écria le vieux Keeling.

« J'ai fait des recherches, monsieur, » dit le second en s'approchant de nous, « et j'ai découvert que Simpson, au lieu d'être détesté, était un favori général . Aucun homme n'a été à l'arrière, monsieur.

«Quelque chose a dû tomber du gréement», a déclaré M. Saunders.

« Monsieur, s'écria le capitaine d'une voix mêlée de colère et d'étonnement, quand quelque chose tombe d'en haut, cela tombe d'aplomb, monsieur, de haut en bas, monsieur. La loi de la gravitation, M. Saunders, est la même en mer qu'à terre. Qu'est-ce qui pourrait tomber de ces hauteurs là-haut (et ici il releva la tête comme une poule en train de boire) pour frapper un homme qui se tenait au volant à toute cette distance ?

La nouvelle était tombée par le vent, et les passagers remontaient par deux ou trois du cuddy, posant des questions à mesure qu'ils arrivaient, le plus bruyant et le plus importun d'entre eux, bien entendu, étant le colonel Bannister. Il y eut une véritable consternation parmi les dames à la vue de la tache de sang. Je n'oublierai pas facilement l'image de cette foule pleine de crottes : les femmes fixant la tache sombre contre la roue, tandis qu'elles se tenaient dans une sorte de posture de recul, retenant leurs robes en arrière, comme si quelque chose rampait. sur eux; l'air calme et étonné des hommes, regardant sans cesse autour d'eux, l'un se dirigeant vers la balustrade pour regarder, la forme sombre d'un autre penché pour scruter sous les grilles, un troisième avec la tête en arrière tendant son regard vers la flèche aérée et perlée de les toiles s'élevant de la crosse jusqu'à la vergue royale, le sommet d'artimon apparaissant clair et ferme comme un dessin à l'encre de Chine sur la délicate concavité chatoyante du hunier. La demi-lune chevauchait avec éclat au-dessus de la vergue principale du topgalant, et la houle sombre roulait en houles silencieuses jusqu'au quart, avec le sillage de la planète se trouvant en forme d'éventail d'argent jusqu'à mi-chemin de l'autre côté de l'océan, et non pas de l'autre côté de l'océan. un nuage dans toutes les vastes profondeurs d'un noir de velours pour obscurcir ne serait-ce qu'un ongle de poussière d'étoile.

« Que s'est-il passé, Dugdale ? s'exclama Colledge , m'abordant aussitôt alors qu'il traversait le compagnon avec Miss Temple à ses côtés.

« Un homme qui était à la barre a été abattu, dis-je.

'Par qui?' a-t-il dit .

«Eh bien, c'est tout», répondis-je; "Personne ne le sait, et je pense que personne ne le saura jamais."

'Est-il mort?' » demanda Miss Temple.

«Je ne peux pas le dire», répondis-je; « Son chapeau était coupé et sa tête ouverte. Il existe une illustration épouvantable de ce qui s'est passé près du volant.

« Sous quelle forme ? elle a demandé.

'Sang!' dis-je.

"Eh bien, c'est *un meurtre* , alors!" s'écria Colledge .

"On dirait", dis-je en jetant un coup d'œil au visage de Miss Temple, qui devenait blanc comme l'albâtre au clair de lune, tandis que dans chaque œil sombre et brillant brillait une petite étoile d'argent bien plus brillante que l'éclair glacé de l'étoile. des diamants qui tremblaient à ses oreilles. "Mais quel que soit l'assassin, je jurerai par tous les saints du calendrier qu'il n'est pas à bord de ce navire."

« Priez, expliquez, M. Dugdale », s'est exclamée Miss Temple d'une voix de curiosité à la fois hautaine et maussade.

Je n'ai fait aucune réponse.

« Mon cher, que voulez-vous insinuer ? dit Colledge : « que l'homme a été frappé… par quelqu'un à l'extérieur ? et ses yeux erraient sur la mer.

« Il semble que ma mission, Miss Temple, dis-je avec un demi-rire, soit de vous fournir des informations sur ce qui se passe à bord de la *Comtesse Ida* . Laissez-moi jouir encore une fois du privilège que vous me faites l' honneur de me conférer ; et sur ce, d'une manière désinvolte, je lui ai raconté l'histoire telle que vous la racontez.

« Est-ce que quelqu'un, pensez-vous, a rampé hors des fenêtres arrière, s'est exclamé Colledge , et s'est glissé par-dessus la poupe et a renversé l'homme ?

«Non», dis-je.

« Comment est-ce arrivé, alors ? » » demanda Miss Temple avec inquiétude.

«Eh bien, répondis-je en la regardant, le coup a sans doute été porté par un esprit.»

« Seigneur , bénis-nous, comme c'est terrifiant ! s'exclama Mme Hudson qui, à mon insu, s'était approchée de mon coude pour écouter. "Qu'en est-il de la chaleur et de la vue de ce sang !" cria-t-elle en s'éventant violemment. « Un esprit, avez-vous dit, monsieur ? Oh, je ne pourrai plus jamais dormir dans le bateau après ça.

Je m'éloignai, trouvant peu de plaisir à la perspective d'une conversation avec Mme Hudson avec Miss Temple à portée de main pour nous écouter. C'est à ce moment qu'apparut le docteur Hemmeridge . Il s'approcha du capitaine, qui se tenait debout, la main agrippée au hale-bas de la gaffe de fessée, répondant de manière brève, presque bourrue, aux questions qui lui étaient posées.

« Cet homme est vivant, monsieur, dit le docteur ; 'mais il est grièvement blessé. J'ai soudé sa blessure ; mais c'est une vilaine coupure.

« Est-il conscient ? » demanda Keeling.

'Il est.'

« Et que dit-il ?

« Il n'a rien à dire, monsieur. Comment devrait-il s'en souvenir, capitaine Keeling ? Il est tombé sous le coup comme le ferait un bœuf.

'Ha!' s'écria le patron ; mais se souvient-il d'avoir vu quelqu'un se cacher près de lui ? A-t-il des soupçons ?

« Monsieur, répondit le docteur, à l'heure actuelle, son esprit n'a qu'un œil à moitié ouvert.

Je fis partie de la foule qui s'était rassemblée pour entendre le rapport du médecin et me plaçai près du support de l'habitacle, assez près de lui, en fait, pour pouvoir poser la main sur le capot. Mon regard s'éloignait de la tache laide qui avait l'air d'être encore en train de filtrer sur la planche blanche à moins d'un demi-mètre de moi, quand j'ai aperçu une bosse noire de quelque chose qui apparaissait juste dans la courbe de la base du support de l'habitacle. entre les pattes tribord de celui-ci. Il disparut en un instant lorsque la traînée de clair de lune qui me l'avait révélé s'en éloigna. Presque machinalement, tandis que je continuais d'écouter le docteur, je mettais le pied à la chose ; puis, toujours de manière mécanique, je l'ai ramassé. C'était une grosse pierre, en forme de peigne, avec une torsion au milieu et une surface lisse sur le dessus, mais rugueuse et brisée en dessous, avec une longueur d'environ cinq pouces déchiquetée en un bord aussi aigu. comme un éclat de silex. Il était extraordinairement lourd et aurait pu, à ce titre, être une pièce d'or.

'Bonjour!' J'ai pleuré : « Qu'avons-nous ici ? et je l'ai tenu contre la vitre de l'habitacle pour le voir à la lueur de la lampe.

« Qu'est-ce que vous regardez, M. Dugdale ? cria le vieux Keeling.

« Eh bien, dis-je, ni plus ni moins à mon esprit que l'arme avec laquelle votre marin a été abattu, capitaine. »

Il y avait une précipitation pour le regarder. Keeling le tint devant le clair de lune, puis le tint dans sa main.

« Qui aurait pu être le voyou qui l'avait ? » il pleure.

« Permettez-moi de le voir », s'est exclamé le petit M. Saunders, et il s'est dirigé vers le capitaine, tout en bas parmi nous. Il pesa la pierre, la sentit, l'inspecta soigneusement, puis leva les yeux vers le capitaine avec un sourire qui plissa son vieux visage large, long, avide et sage, du front au menton. « Un soupçon, s'écria-t-il, qui s'est lentement développé dans mon esprit, est maintenant confirmé. Aucune main mortelle ne possède ce missile, capitaine. Cela vient des anges, monsieur.

Il fit une pause.

« Lawk -a-daisy, que va dire cet homme ensuite ? s'écria hystériquement Mme Hudson.

« Capitaine Keeling, mesdames et messieurs, » continua le petit Saunders, soignant la pierre aussi tendrement tout en parlant comme si c'eût été un nouveau-né, « celle-ci est tombée de ces hauteurs infinies étoilées là-haut. C'est, en bref, une météorolite et, autant que je puisse en juger maintenant, un très beau spécimen de celle-ci.

CHAPITRE X
LES HUMEURS D'UN INDIEN

LE mystère étant terminé, la plupart des passagers, après une brève période de flânerie et de conversation, descendirent en bas, le petit Saunders ouvrant la voie avec la météorolite , et le capitaine fermant le cortège pour finir le verre de grog ; il avait été dérangé en trouvant le navire dévier de sa route. J'échangeais quelques mots avec M. Cocker sur ce deuxième incident bizarre de la journée, lorsque l'homme qui était au volant s'est exclamé : « Pardonnez-moi, monsieur ; et je le vis passer avec beaucoup d'inquiétude d'une jambe à l'autre en passant la longueur de son bras sur son front, comme s'il transpirait abondamment.

'Qu'est-ce que c'est?' » demanda M. Cocker.

« Est-ce que je suis censé rester seul ici, monsieur ? » » demanda le camarade.

'Certainement. Quoi! Par une belle nuit comme celle-ci ? Que veux-tu? Que je devrais appeler des mains pour les tacles de relève ? s'écria le second.

L'homme leva les yeux vers les étoiles avant de répondre, avec une sorte d'air recroquevillé dans la posture de la tête.

« L'un de ces boomerangs en fleurs, dit -il, pourrait réapparaître, monsieur. Que peut faire un homme si le temps ne lui permet pas de quitter la route ?

— Avoir un compagnon ne vous aidera pas, dit le second.

«Je ne sais pas », répondit l'homme. "Quoi que ce soit qui lance ce genre de choses, il pourrait se retenir à la vue de *deux* d'entre nous."

Le second le regarda un peu, puis éclata de rire.

'Bien bien!' a-t-il dit; "S'il existe jamais une ligne de plomb pour sonder les profondeurs de l'ignorance des gaillards d'avant, j'admets qu'il doit y en avoir suffisamment de brasses pour assurer la fin des cornes de la lune."

Néanmoins il appela l'un des hommes de quart à venir à l'arrière et à tenir le volant avec l'autre homme, en tenant compte, j'ose dire, des sentiments superstitieux qui possédaient le marin et qui ne devaient certainement pas être adoucis par la vue du navire. grande tache de sang près de ses pieds.

Je suis descendu prendre un verre de cognac et j'ai trouvé les passagers écoutant M. Saunders, qui, avec la météorolite devant lui, faisait un discours sur ce genre de pierre, la désignant du doigt, parlant très lentement et avec insistance : et regardant avec nostalgie les visages de son public. Même Miss Temple semblait intéressée et écoutait, adossée au mât d'artimon , dont le tronc orné formait un fond fantaisiste très noble pour sa belle silhouette.

Cependant, j'étais plus d'humeur à fumer une pipe qu'à une conférence, et j'étais bientôt de nouveau sur le pont, car après neuf heures et demie du soir, nous avions le privilège de fumer sur la dunette. Colledge me rejoignit bientôt ; mais au bout de vingt minutes il bâilla prodigieusement puis se coucha ; et j'arpentais seul le pont, avec une profonde jouissance du silence qui parvenait sur le navire au-delà de la distance sombre et scintillante - un silence de nuit océanique qui semblait être approfondi aux sens par le calme de marbre des larges pignons blancs volant et flottant. dans une sorte de lueur d'espaces jusqu'à la légère place brumeuse du principal royal. Il y avait un léger bruit d'eaux tremblantes et ondulantes sur le bord, et la ligne du taffrail avec les deux camarades à la barre montait et descendait très doucement jusqu'au soulèvement noir et secret de la longue ondulation des profondeurs marines. Les lampes douillettes étaient tamisées, l'intérieur désert ; il y avait un petit groupe de fumeurs sur la dunette, à l'ombre du pavois, qui conversaient tranquillement ; derrière le gréement d'artimon flottait la forme sombre du vieux Keeling, qui était venu faire un tour ou deux et un dernier coup d'œil au temps avant de rentrer.

Quelqu'un sortit par l'écoutille et, après avoir regardé un peu autour de lui, se dirigea vers le bastingage sous le vent, où je me tenais.

"C'est toi, Dugdale ?"

« Oui, dis-je. Qu'y a-t-il, Greenhew ? Il est temps d'être au lit, n'est-ce pas ?

« Oh, je dis, Dugdale », s'écria le jeune homme d'une manière essoufflée, comme si l'effort pour réprimer un accès de gaieté l'étouffait presque, « il y a une telle alouette en bas… dans ma cabine… Riley, vous je sais'——— Et là, il a éclaté de rire.

« Qu'est-ce que c'est que l'alouette ? » J'ai demandé.

«Je veux que tu viennes voir», répondit-il. « Je l'ai découvert par simple hasard. Mon Dieu, quelles cabrioles ! Et si je ne trouve pas une excuse pour introduire Miss Hudson dans la cabine, afin qu'elle puisse le voir… Eh bien ! Bien ! Mais viens quand même.

« Mais, mon bon ami, faites-moi d'abord savoir ce que je vais voir, dis-je. Je profite du silence et de la fraîcheur de ce pont et de ma pipe et… »

Il m'a interrompu alors qu'il regardait prudemment autour de lui.

"Tu sais, bien sûr, que Riley a la couchette sous moi ?" s'écria-t-il d'une voix tremblante, comme s'il devait à tout moment éclater de rire ; "Eh bien, tu peux lui faire faire ce que tu veux quand il dort."

« Continuez », dis-je ; «Je peux vous comprendre maintenant.»

« Quand je suis allé me coucher dans ma cabine, continua-t-il, je l'ai trouvé au lit ; et l'imaginant éveillé, je m'écriai, comme une plaisanterie, vous savez : « Attention, mon ami ! Il y aura une météorolite qui s'écrasera à travers ma couchette et sur ta tête dans une minute – alors fais attention à tes yeux, Riley ! Au moment où j'ai dit cela, il a sauté d'entre ses draps sur le pont et s'est recroquevillé, les mains au-dessus de sa tête, comme pour la protéger. Ses yeux étaient fermés et je supposais qu'il faisait l'imbécile. «Retourne-toi au lit, mec», dis-je; "tu ne peux pas me humilier." Il se recoucha aussitôt d'une manière qui m'a surpris, je vous l'assure, Dugdale ; car c'était aussi plein d'obéissance que le comportement de n'importe quel chien battu. Je l'observai un peu pour voir s'il ouvrait les yeux ; mais il les gardait fermées, et sa respiration le prouvait profondément endormi. Je pensais que j'allais l'essayer à nouveau. « Salut, Riley ! » M'écriai-je. « Voici Peter Hemskirk venu vous sortir de votre couchette. Protégez-vous, sinon il vous entraînera dans la câline, habillé comme vous l'êtes, et Miss Hudson sera là pour vous voir. Instantanément, Dugdale (ici il porta ses mains à ses lèvres pour étouffer un éclat de rire) il serra les poings et lâcha en l'air, enlevant les vêtements d'un coup de pied, pour pouvoir frapper avec ses jambes ; et ainsi il travaillait partout comme une grenouille galvanisée . Vous n'avez jamais vu un tel spectacle. Descendez et regardez-le.

« Avez-vous déjà observé quelque chose de semblable chez lui ? dis-je en faisant tomber les cendres de ma pipe.

«Jamais auparavant», répondit-il; 'mais je l'ai sur la hanche maintenant. Il a essayé de me ridiculiser auprès de Miss Hudson, et cette soirée bénie me montre le chemin vers une très jolie réplique. Venez , venez ! S'il se réveille, il ne peut y avoir de représentation.

Il s'avança en glissant d'un pas de patineur vers le compagnon, et je le suivis, ne sachant encore si le jeune homme ne dessinait pas dans tout cela quelque plaisanterie dont j'allais être la victime. Nous avons traversé la cuddy déserte, faiblement éclairée par une lanterne faiblement allumée, et sommes descendus au pont inférieur, où le couloir entre les couchettes était éclairé par une lampe en forme de cible fixée sous une horloge contre la cloison . La cabine partagée par les jeunes hommes se trouvait à trois portes de la mienne, du même côté du navire. Greenhew s'arrêta un moment pour écouter, puis tourna la poignée, jeta un coup d'œil et me fit signe d'entrer. Fixée à un poteau se trouvait une petite lampe à support, dont la lueur était sur le visage de Riley alors qu'il était allongé sur le dos dans une couchette inférieure, visiblement plongé dans un profond sommeil. Ses yeux étaient fermés, ses lèvres entrouvertes, sa respiration basse et profonde, comme celle de quelqu'un qui dort lourdement. Le désordre sauvage des draps était une corroboration suffisante du récit de Greenhew , au moins dans un article.

«Essayez-le vous-même», dit mon compagnon à voix basse.

«Non, non», répondis-je. « J'ai le respect d'un marin pour le sommeil. Vous m'avez invité ici pour assister à un spectacle. C'est à vous de faire la pièce, Greenhew .

Il s'écria aussitôt : « Riley ! Riley ! le bateau coule ! Pour l'amour de Dieu, sortez, ou vous vous noyez !

J'ai été étonné d'observer le jeune homme se mettre instantanément à genoux et bouger ses bras à la manière exacte d'un nageur, mais avec une tête baissée pour la dégager des planches de la couchette supérieure, ce que j'ai considéré comme aussi remarquable que toute autre partie de l'exposition extraordinaire pour la perception qu'elle indique des conditions environnantes ; tandis que ses gestes, en revanche, le prouvaient complètement sous le contrôle de l'illusion créée par le cri de son compagnon de cabine. J'ai également observé une expression d'extrême souffrance et d'anxiété sur son visage, qui autrement était rendu muet par les paupières fermées. En fait , c'était le visage d'un nageur luttant dans l'agonie. Greenhew regardait, à moitié étouffé de rire.

« Oh, » lança-t-il en syllabes décousues, « si seulement Miss Hudson pouvait le voir maintenant ! Dugdale , tu devras me trouver une excuse pour la présenter ici. Sa mère doit être présente aussi – plus on est de fous, mieux c'est ! et là il repartit dans une crise, comme s'il allait suffoquer.

Pour ma part, je ne voyais pas de quoi rire. En effet, cette chose m'a choqué et étonné en tant qu'expression douloureuse, dégradante et mystérieuse de l'esprit humain agissant dans des conditions dont on ne pouvait bien sûr pas s'attendre à ce que je comprenne la tête ou la queue. Riley continua à bouger ses bras avec les mouvements d'un nageur pendant quelques minutes, tout en respirant fort, comme si le bord de l'eau lui montait à la lèvre, tandis que son visage continuait à afficher une expression de détresse indescriptible. Ses gesticulations devinrent alors faibles, sa respiration perdit de sa férocité et de sa rapidité et redevint longue et régulière, et bientôt il se coucha, toujours dans un profond sommeil, dans la posture dans laquelle je l'avais observé en entrant.

« Qu'en pensez - vous ? s'exclama Greenhew avec un visage de joie triomphante.

« C'est un piège pitoyable pour un dormeur, dis-je. J'aime si peu votre spectacle, Greenhew , que je ne souhaite plus en voir.

« Oh, c'est absurde ! » il s'est excalmé; " Laissons -le faire des câpres encore un peu. J'aurai une représentation régulière ici tous les soirs. Ce sera le sujet de conversation du navire, par George ! »

Tandis qu'il prononçait ces mots, Riley poussa un cri sourd, ouvrit grand les yeux sur nous, nous regarda un instant avec la stupéfaction d'un homme qui n'a pas tous ses sens, puis se redressa, parcourant son regard sur ses draps.

'Quel est le problème?' s'exclama-t-il en regardant autour de nous. 'Qui a été'--

La lumière et l'expression d'un esprit plein entrèrent dans ses yeux. Il jeta ses pieds sur le pont et se leva.

« Est-ce que je me suis ridiculisé dans mon sommeil, Dugdale ? dit-il. — J'étais incapable de répondre. — Il poursuivit : « Je connais ma faiblesse. J'en ai entendu parler assez souvent – à l'école – par ma mère – encore et encore depuis, Dugdale . Greenhew vous a amené ici pour me surveiller. Et cela signifie, s'écria-t-il en se tournant violemment vers Greenhew , que vous avez exercé votre humeur sur moi pendant mon sommeil, et qu'au lieu de compatir à une infirmité douloureuse et humiliante, vous avez...

Son caractère l'étouffait. Il serra le poing et lâcha son ami Greenhew juste entre les yeux. L'homme de la fonction publique s'est effondré comme une statue renversée de son piédestal ; mais il fut de nouveau debout en une minute ; et aucun d'eux ne manquait de foutre, ils y sont allés ! C'était à mourir de rire n'importe qui de voir la silhouette très imparfaitement vêtue de Riley danser et manœuvrer autour de Greenhew avec les gestes d'un cannibale lors d'une fête dansante, tout en enfonçant généreusement ses poings dans son antagoniste, qui martelait sauvagement. revenez avec un nez rougeâtre et un œil qui se ferme déjà lentement. Je me jetai entre eux, mais je ne parvins pas à rire. Ils se battaient en silence, du moins en ce qui concerne leurs voix ; mais les coups violents qu'ils frappaient contre la cloison alors qu'ils se frappaient d'un côté à l'autre, sans parler de leurs fréquents chavirements au-dessus des caisses, le vol de tout objet, comme des bottes, contre lequel leurs orteils heurtaient par hasard, aurait très bien pu provoquer aux occupants des cabines adjacentes de croire que si cette bousculade ne signifiait pas un afflux de personnes fuyant un navire en perdition, elle devait certainement signifier une mutinerie désespérée parmi l'équipage accompagnée de tout le désordre d'une lutte pour la vie.

« Pour l'amour du ciel, arrêtez ça ! J'ai crié; « Considérez à quel point les dames seront terrifiées. Greenhew , arrête ça, mec. Riley, remets-toi dans ta couchette'———

Ici, on frappa violemment à la porte de la cabane.

« Quelqu'un est devenu fou ici ? » » a été braillé dans les notes familières du colonel Bannister, « ou est-ce un meurtre qui est en train d'être commis ?

Il ouvrit la porte et regarda à l'intérieur.

« Voter , au nom de Got , ça se passe ? gronda la voix grave de Peter Hemskirk par-dessus l'épaule du militaire.

Le navire s'inclina légèrement à ce moment, et le Hollandais pesa de tout son poids sur le colonel, avec pour conséquence que le petit soldat fut abattu dans la cabine avec Mynheer à ses talons.

'Qu'est-ce que c'est ça?' s'écria le colonel.

'Je vous apprendrai!' haleta Riley.

« Vous n'en avez pas assez ? cria Greenhew .

« Séberez - les ! Séparez - les ! » s'exclama Hemskirk . « Regardez, messieurs , comme M. Greenhew saigne.

« Qu'est-ce qu'il y a ? s'écria quelqu'un à la porte.

C'était M. Emmett. Il tremblait et était très pâle. Il avait jeté son manteau tragique sur ses épaules et avait l'air d'un objet vraiment ridicule avec un court espace de ses jambes nues visibles et ses pieds dans une paire de grandes pantoufles de tapis. En fait, à ce moment-là, tous les passagers étaient alarmés, les dames regardant dehors et appelant, les hommes se précipitant dans le passage pour voir, avec le son de la voix de M. Prance au haut des marches de l'écoutille. criant pour savoir de quoi il s'agissait. C'était plus que je ne pouvais supporter. Les chiffres du colonel, du Hollandais et d'Emmett, sans parler de Riley, venant ajouter à l'absurdité du combat, se sont avérés trop pour moi. J'ai jeté un coup d'œil à Greenhew , j'ai franchi la porte, j'ai gagné ma cabine et je me suis jeté sur ma couchette, épuisé de rire et totalement incapable de répondre aux innombrables questions que Colledge m'a adressées.

Le bruit cessa au bout d'un moment, mais pas avant que j'entende les accents orageux du capitaine à l'extérieur de ma couchette. J'entendais aussi le colonel se plaindre avec force d'un outrage aussi grand que celui de deux jeunes hommes se battant en pleine nuit, sous l'oreille des dames . Le vieux patron a insisté pour que l'un des jeunes gens quitte la cabine et partage la couchette louée par M. Fairthorne . Tous deux refusèrent avec véhémence de bouger. Le capitaine demanda alors qui avait porté le premier coup. Riley répondit que c'était le cas et qu'il commençait à s'expliquer, lorsque le vieux Keeling le fit taire en lui disant qu'il lui donnerait cinq minutes pour se retirer dans la couchette de M. Fairthorne et que s'il n'était pas parti à ce moment-là, il enverrait chercher le maître d'équipage et un ou deux marins pour lui montrer la route. Cela mit fin aux difficultés, comme on me le dit le lendemain matin, et le reste de la nuit se passa assez tranquillement.

Le lendemain, M. Riley est apparu au petit-déjeuner. En me voyant , il s'est approché de moi et m'a prié en quelques mots de ne pas expliquer la cause de la querelle, car il ne souhaitait pas que sa particularité de dormeur soit connue de nous. Je lui ai donné ma parole, mais j'ai regretté qu'il l'ait exigée, car je souhaitais parler avec Saunders et Hemmeridge des manifestations très extraordinaires dont j'avais été témoin. Il était heureux cependant que l' on ne se doute pas de ma part dans le désordre . Le colonel, Hemskirk et les autres s'imaginèrent que j'avais été attiré vers la couchette des jeunes hommes par le bruit, comme eux, et aucune question ne me fut donc posée. M. Greenhew est resté alité pendant trois jours. C'était surtout de la bouderie et de la honte avec lui, pensaient les autres ; mais la vérité était que son œil non seulement était fermé, mais qu'il était si enflé et noirci qu'il le rendait inapte à apparaître en public. Il envoya un des intendants me demander de le voir ; mais j'en avais assez de M. Greenhew et je parvins à me tenir à l'écart du jeune homme jusqu'à ce que son arrivée sur le pont rende sa fuite impossible.

Il ne s'est rien passé de notable dans la semaine qui a suivi cette affaire. L' alizé soufflait avec la brise langoureuse qui a jamais tourmenté le cœur et enflammé les passions d'un capitaine de navire. Ce serait un long voyage, disions-nous tous – six mois, prédit M. Johnson – et le vieux Keeling a admis qu'il n'avait rien à nous offrir comme espoir tant que nous n'aurions pas traversé l'équateur, là où les alizés du sud-est pourraient compensez-nous de cette lenteur du nord en soufflant un violent coup de vent.

Cependant, si le rythme sourd du navire maintenait le moral un peu bas chez nous qui vivions à l'arrière, les Jacks faisaient du sport assez pour eux-mêmes, et d'un deuxième chien de garde étaient aussi joyeux qu'ils allaient jamais chercher un écho dans un creux. hunier à poumons durcis au sel. Il y avait parmi eux quelques excellents violoneux, et ces types se perchaient sur les perches et, la tête baissée et les bras tremblants, voyaient des airs de danse sans fin sortir du boyau. J'ai agréablement perdu bien des demi-heures à regarder et à écouter les ébats du gaillard d'avant. Le grincement des violons était le genre de musique idéal pour le spectacle ; les Jacks en couples s'embrassant amoureusement, glissaient , tournoyaient, fouillaient, se baladaient avec leurs membres lâches et ravis entre les bastingages du gaillard d'avant, leurs visages poilus souriant par-dessus les épaules de chacun ; ou bien l'un d'eux prenait le pont – les autres s'éloignaient pour fumer une pipe et regarder – et se lançait dans un noble battage maritime – le véritable cornemuse des profondeurs – le dansant toujours à la perfection, à ce que je pense. Une de ces scènes dont je me souviens très bien pendant que j'écris : un goudron aux proportions viriles, un peu au-delà de l'échelle du gaillard d'avant, clair à la vue de la dunette, ses chaussures scintillantes, sa culotte de canard fluide tremblante, ses bras croisés ou une main. sa tête se cambrant gracieusement, son chapeau de paille sur neuf cheveux, son visage entre ses larges moustaches noires se dessinant dans une teinte bordeaux, ses petits yeux pétillants de jouissance des mesures, et la sueur qui lui sortait du nez comme des pois desséchés ; devant lui, une foule de visages teints par l'orage l'observaient méditativement, rongeant d'excitation les jonques dressées haut sur leurs joues en signe de sympathie pour le danseur, ou retirant leur pipe de leurs lèvres avec la lente délibération du marin marchand pour cracher et grogner. un commentaire sur les cabrioles vives ; à sa droite, au milieu du navire, sur les bômes, les deux violoneux travaillaient de leur mieux et menaçaient à chaque instant de basculer sur le pont sous l'énergie de leurs mouvements. Loin devant, se déversaient le grand bout-dehors et les bout-dehors, rendus massifs à l'œil par la longue vergue et l'énorme assemblage de haubans et d'haubans ; en haut s'élevait la toile à l'avant, jaunissant à mesure qu'elle s'envolait dans une teinte dorée vers la gloire occidentale qui enflammait les cieux sur la poutre tribord. Oh! c'était un spectacle extrêmement beau, avec la dorure des cordages au coucher du soleil jusqu'au teint du fil d'or, et une longue ligne de rayonnement rouge sang coulant de l'horizon vers le navire et faisant un écarlate étincelant du tissu brillant. côtés, et mettant une étoile cramoisie de splendeur dans chaque fenêtre, avec le balayage de la mer bleu foncé courant en longues lignes vers l'est, qui montrait dans une douceur liquide de violet au-delà des espaces pâles des clous en surplomb au loin.

Dans cette même semaine dont j'écris , M. Colledge , inspiré peut-être par le bruit des violons en avant et le spectacle des coups du gaillard d'avant , fit un effort pour danser vers l'arrière ; mais en vain. Certaines filles regardaient avec impatience lorsque la chose leur était suggérée ; et certainement celui de Colledge le programme était prometteur : il y avait la large diffusion d'auvents pour le plafond d'une salle de bal ; il y avait des drapeaux en abondance qui s'étendaient entre la corde faîtière et le bastingage, comme un mur de couleurs rayonnantes à travers lequel la lune tamiserait sa délicate brume tendre sans nuire à la lumière des lanternes, qui devaient être accrochées en rangée. de chaque côté avant et arrière ; il y avait le piano à sortir de ses amarres en contrebas et à fixer sur une partie du pont où son tintement pouvait être entendu partout. Il y avait aussi une mer tranquille et un pont dont le doux berçage ne pouvait que servir de pulsation aux joyeuses révolutions de la valse.

Colledge était enchanté de son projet et se mettait à le poursuivre avec soif ; mais, comme je l'ai dit, en vain. Le colonel Bannister a crié avec dérision lorsqu'on lui a demandé s'il voulait danser ; Greenhew n'était pas encore bien vu, était extrêmement boudeur et traînait dans des endroits retirés ; Riley qualifiait la danse d'ennuyeuse ; Fairthorne a plaidé pour des pieds tendres ; Le petit Saunders se frappa la poitrine à l'enquête de Colledge et dit plaintivement : « Qui *me* soutiendrait ? En bref, chacun d'entre nous à l'arrière, à l'exception de M. Johnson et de moi-même, refusa de prendre une part active au bal proposé ; et Colledge , avec un visage de haine, abandonna l'idée, me jurant qu'il n'avait jamais rencontré une telle meute d'épouvantails de sa vie, et que nous aurions été mieux placés dans le sens de la gaieté et de la compagnie si nous avions eu la cargaison de les singes ont été épargnés pour remplacer nos passagers mâles.

C'est ainsi que nous avons roulé avec un peu de lassitude à travers les parallèles de l'Atlantique, attisés par un léger vent du nord-est sur le quartier, sous un ciel bleu, avec le soleil au milieu brillait magnifiquement et un ciel nocturne d'indigo aérien. riche en étoiles d'une ligne de mer à l'autre. Les poissons volants jaillissaient des flancs cuivrés de l'Indiaman, mais, les sauvant ainsi que nous-mêmes, l'océan était dépourvu de toute vie ; nous n'avons aperçu aucun navire; aucun oiseau ne planait près de nous ; une seule fois, alors qu'il approchait de minuit, j'entendis les bruits d'une respiration profonde de l'un ou l'autre des arcs, le bruit de quelque Léviathan des profondeurs s'élevant des profondeurs obscures pour souffler sa fontaine sous les étoiles ; mais il n'y avait aucune ombre visible ni aucune rupture d'eaux blanches qui indiquaient son voisinage . Ce n'était qu'un simple soupir, profond et solennel, comme si le vieil océan lui-même l'avait fait sortir de son cœur, et les hauteurs scintillantes semblaient recueillir un mystère plus profond à la simple note de ce soupir.

CHAPITRE XI
UNE ÉTRANGE VOILE

C'ÉTAIT un vendredi matin. En allant sur le pont avant le petit déjeuner pour prendre un bain à pompe dans la tête du navire, je trouvai un temps aussi étrange que jamais j'en avais vu dans ma vie. Une houle trouble, mais sans beaucoup de hauteur ni de puissance, courait de l'ouest, et l'Indiaman roulait maladroitement dessus avec beaucoup de bruit de battement de toile en l'air et de tension des espars. L'eau était d'une teinte olive terne, avec une apparence de boue, comme si quelque violente perturbation au fond avait soulevé la vase trouble à la surface. Il était difficile de dire si le ciel était bleu ou ardoise, tant il était épais, poussiéreux, imperméable, avec çà et là un vague contour de nuages, et des taches, pour ainsi dire, d'une sorte de bleu jaunâtre, où quelque ventre de nuages se dessinait. la vapeur obscurcie se baissait plus bas que le reste ; tandis que, tout autour du cercle marin, planait un immense grommet ou anneau d'apparence crasseuse et fuligineuse, semblable à une ligne de fumée laissée par les cheminées des bateaux à vapeur, et suspendu dans un nuage brun, long de plusieurs lieues, dans un silence immobile. météo au bord des eaux de la Manche.

« Bonjour, M. Smallridge , dis-je en enjambant la rampe pour m'adresser au maître d'équipage qui surveillait le travail de deux mains suspendues à la proue, qu'avons-nous là-bas ? et je dirigeai mon regard vers une voile que j'avais maintenant aperçue pour la première fois et qui planait sur notre quartier bâbord à environ deux ou trois milles de distance.

« Un brick, monsieur, je crois, » répondit-il ; « elle était en vue à peu près au même endroit au lever du jour. Il y a eu un peu de vent, mais il faiblit, j'en doute.

« Faire place à quelque chose à suivre, j'imagine ? » dis-je en jetant un regard vers l'horizon.

«Oui», répondit-il; « Cette boue est en train de monter, et il y aura aussi du tonnerre dedans, si mes cors parlent correctement. Niver n'avait pas autant mal aux orteils que ce matin, car il y a deux ans, il y a deux ans, nous sommes tombés au large de Hope avec l'orage le plus laid dont je me souvienne au sud de l' équateur . Quand mes cors commencent à se tortiller, je sais toujours que le tonnerre n'est pas loin.

« Eh bien, tonnerre ou pas de tonnerre, dis-je, j'espère qu'il y aura assez de vent à la suite de tout cela pour nous emporter. Nous devrons l' appeler soixante jours avant la ligne, maître d'équipage , si nous ne nous soucions pas de nos yeux ; et lui faisant un signe de tête amical, je me dirigeai vers ma cabine pour finir de m'habiller.

L'aspect sombre dura toute la matinée sans le moindre changement. Le vent tomba mort ; et un silence prodigieux surplombait la mer, un calme qui devenait absolument accablant pour l'imagination, si l'on y réfléchissait et restait à regarder le soulèvement de la houle courir en laids tas verts sans un bruit. Les bruits étaient curieusement distincts. La voix d'un homme hélant le gaillard d'avant depuis les entretoises du mât de misaine résonna sur la poupe comme s'il avait appelé depuis le grand mât. Un rire venant de près du volant avait une note étonnamment proche, bien qu'il vous parvenait sur toute la longueur du pont arrière. L'eau débordant jusqu'aux canaux jusqu'au bord de la coque envoyait dans l'air des sanglots les plus étranges et les plus creux, comme si un monstre s'étranglait à côté. Les drisses avaient été lâchées et les voiles relevées et abaissées, et la *comtesse Ida* gisait avec un regard quelque peu nu alors qu'elle se vautrait avec la maladresse d'un navire aux larges rayons sous les huniers et le cap avant ; et tout le reste de la toile carrée, à l'exception des voiles royales et du perroquet d'artimon, qui étaient enroulées, se balançant dedans et dehors festonnées par la poignée de l'équipement.

À midi, la voile que j'avais remarquée tôt ce matin-là s'était approchée de nous d'une manière insensible jusqu'à ce qu'elle s'accroche à quelque chose à plus d'un mille de la hanche, comme auparavant. Je l'avais examinée plusieurs fois avec le télescope et je n'étais pas peu impressionné par son apparence. C'était un brick d'environ deux cent soixante tonneaux ; un modèle des plus beaux et des plus parfaits, en effet, avec une levée d'arc en tondeuse et un coupe-eau en forme de couteau et un long balayage arqué merveilleusement gracieux d'arrondi latéral dans la perfection même d'une course. Son cuivre était haut et très propre, comme s'il venait tout juste de sortir du port. Ses mâts étaient singulièrement hauts pour sa taille, tous deux se terminant en mâts de voile céleste de plusieurs mètres de diamètre ; mais il avait enroulé toute la toile jusqu'à ses deux huniers et sa misaine, et roulait lourdement, soulevant son tissu symétrique à la hauteur de la houle, alors qu'il se retrouvait sur le fond laid et boudeur avec un relief si vif que son gréement ressemblait à des poils qui partaient des têtes de mât jusqu'aux chaînes, avec un regard blanc, étrange, presque épouvantable, dans sa toile brillante comme du coton ; puis, vers le bas, il s'enfonçait derrière quelque pic maussade, presque livide, jusqu'à ce qu'il soit caché par la bande récifale de son parcours avant .

Tout au long de la matinée, j'avais observé le capitaine Keeling l'examiner avec une certaine inquiétude ; c'est-à-dire qu'il la regardait suffisamment à travers ses jumelles pour suggérer qu'il trouvait quelque chose d'inhabituel, peut-être de dérangeant, dans son apparence. Il n'y avait rien à voir, bien que le vieux bonhomme et ses deux compagnons se tenaient sur le pont, des sextants à la main, levant de temps en temps les yeux vers la partie du ciel où le soleil était censé être. Observant M. Prance au bastingage, observant fermement le brick sur la hanche, je m'approchai de lui.

« Je vous prie, que trouvez-vous dans cet engin là-bas, M. Prance, qui puisse vous intéresser ? Le skipper ne semble pas pouvoir garder son verre loin d'elle.

« Que voyez- *vous* , M. Dugdale ? répondit-il en me regardant du coin de l'œil sans tourner la tête. « Viens, tu as été marin. Quelle idée avez *-vous* d'elle ?

«C'est une beauté, de toute façon», répondis-je; « Aucun chantier de construction n'a jamais produit quelque chose de plus doux sous la forme d'une coque – un peu trop haute, peut-être. Pour ma part, je déteste tout ce qui est au dessus de la famille royale. Donnez-moi des têtes de mât courtes, la cour royale placée tout près sous la voie ferrée, à la manière des frégates anglaises. » J'avançais.

'Non non; Je ne veux pas dire cela, M. Dugdale , l'interrompit-il avec une pointe d'impatience de marin face à mes critiques.

« Quoi donc ? J'ai demandé.

« Est-ce qu'elle a l'air honnête, pensez-vous ? » a-t-il dit.

'Ha!' m'écriai-je : 'maintenant je comprends.'

'Faire taire! pas un mot s'il vous plaît, s'écria-t-il en jetant un coup d'œil sur la dunette ; Il ne faut en aucun cas effrayer ces dames, et ce n'est, au mieux, qu'un simple soupçon de la part du capitaine Keeling. Pourtant, il a eu quelques relations avec la noblesse de son espèce, si toutefois ce type appartient à la dénomination qu'il conjecture.

« Elle a dû se faufiler furtivement sur nous, m'écriai-je, pour occuper sa position actuelle, sinon elle devrait être à une lieue de distance sur la poutre. Mais alors une telle coque devait céder à une patte de chat qui ne ferait pas exploser une plume du haut d'artimon *de la comtesse Ida* . Qu'est-ce qui a suscité des doutes, monsieur Prance ?

« Trop d'équipage, monsieur, » répondit-il ; 'la silhouette d'un long chat sur son gaillard d'avant, mais mal dissimulée par la tombola lancée dessus. Six canons d'un côté, M. Dugdale , même si les ports fermés cachent leurs sourires.

"Elle ne tentera rien avec un grand type comme nous, c'est sûr."

À ce moment-là, le capitaine l'appela et il s'éloigna.

Bientôt, il s'assombrit sensiblement, comme si une nappe de vapeur plus dense rampait au cœur de l'obscurité là-haut. La mer devenait lisse comme du pétrole et coulait en plis comme du verre liquide vert bouteille hors de l'ombre crasseuse qui s'épaississait lentement tout autour de la limite de l'océan. L'ordre est donné d'enrouler les voiles pointées et de ris les huniers. La pipe du maître d'équipage appelait tout le monde à ce travail, et le navire fut pendant un moment plein de vie et d'agitation. Cependant, à ce moment-là, le secret de l'inquiétude du vieux Keeling s'était, d'une manière ou d'une autre, révélé ; en fait, le patron ne pouvait plus laisser les gens ignorer ses soupçons ; Pendant une dizaine de minutes, avant que la cloche de Tiffin ne sonne, après que les mains soient descendues d'en haut, l'ordre fut tranquillement envoyé pour que tout le monde soit prêt à agir ; et tandis que je m'asseyais à table, étant près du devant câlin, et que ma chaise m'amenait avec une vue dégagée sur la dunette par les fenêtres ouvertes, j'observais les hommes préparant notre petit spectacle de caronades, enlevant les tompions. , plaçant des béliers, des éponges, des équipements de train et autres à portée de main, et faisant passer des balles et des coffres d'armes légères à travers l'écoutille principale.

Le capitaine Keeling, raide et renforcé comme d'habitude dans sa redingote à boutons de cuivre, le visage d'un rubiconde plus profond à cause d'une récente touche de savon et d'une serviette, s'assit au bout de la table ; mais Prance et les autres compagnons restèrent sur le pont. On remarqua beaucoup d'inquiétude parmi les dames , à l'exception de Miss Temple dont le beau visage hautain portait son expression impassible ordinaire. Il n'y avait aucune coquetterie dans les yeux surpris que Miss Hudson roulait. Mme Bannister s'éventait avec véhémence et ne mangeait rien. Il y avait aussi certains d'entre nous, des hommes, qui avaient l'air de ne pas aimer ça. M. Emmett était extrêmement attentionné ; M. Fairthorne buvait avec soif et tirait sans cesse sur sa petite moustache naissante ; M. Hodder observait continuellement le vieux Keeling ; et M. Riley faisait grand cas de ses lunettes. Pendant un petit moment, rien d'essentiel n'a été dit ; alors le colonel rappa :

« Je dis, capitaine, avez-vous une idée de la nationalité de ce type que vos gens préparent à résister ?

« Non, monsieur, » répondit Keeling avec raideur ; nous lui avons fait voir notre enseigne ce matin ; mais elle n'a montré aucune couleur en retour, et je ne suis pas homme à tirer mon chapeau à celui qui ne répond pas.

"Ce n'est pas mon voyage ", s'est exclamé Peter Hemskirk , accordant une série de signes de tête au skipper.

dame d'âge moyen au visage doux et nerveux , avec de doux cheveux blancs, "avez-vous de bonnes raisons de supposer que le navire peut s'avérer dangereux pour nous ?"

« Madame, » répondit Keeling en s'inclinant, et vous avez remarqué l'état qui prévalait parmi nous par la tendance générale nerveuse des oreilles vers le vieil homme pour comprendre ce qu'il disait, « il y a des raisons de croire que certains Espagnols de l'île de Cuba ont équipé deux ou trois navires intelligents pour jouer le rôle de bandits maritimes. Les autorités font un clin d'œil à l'entreprise, me dit-on . Leur pratique consiste à amener les navires à bord, à les aborder et à piller le meilleur de ce qu'ils peuvent rencontrer. L'année dernière, un Antillais nommé *Jamaica Belle* a été révisé par un de ces bateaux, qui lui a retiré des espèces s'élevant à douze mille livres. Je crois qu'ils ne sont pas des agresseurs au sens ancien du terme de piraterie.

« Oh, ne parlez pas de coupe-gorge ! s'écria Mme Hudson. « Oseront-ils nous attaquer, les monstres !

« Mesdames et messieurs, dit Keeling, je vous en prie, comprenez bien : mes soupçons à l'égard de l'étranger sont peut-être mal fondés. En attendant, notre rôle est de nous mettre en position de défense , prêts à affronter tout ce qui pourrait arriver.

« Certainement », s'écria le colonel avec beaucoup d'insistance en regardant autour de lui ; puis parlant les yeux fixés sur M. Johnson ; « Je présume que nous pourrons compter sur tous nos amis masculins rassemblés ici pour aider votre équipage au maximum de leurs pouvoirs, si l'étranger tentait de s'attaquer à ce navire ?

« Nous espérons que vous vous couvrirez de gloire, colonel, » dit M. Johnson d'une voix sarcastique familière ; "et je serai heureux d'écrire et d'imprimer une description complète de votre comportement , monsieur."

« Je suis tout à fait disposé à me battre », s'est exclamé M. Fairthorne d'une voix efféminée. « Je veux dire que je serai heureux de parler ; mais je ne suis pas un homme de parole .

" Les passagers hov pas d'abeille à voir ", s'est exclamé Mynheer Hemskirk , agrandissant son immense gilet en faisant ressortir sa poitrine ; ' Ils entrent dans le voyage de ceux qui savent ce qu'ils ont à faire.'

Miss Temple se mordit la lèvre pour dissimuler un sourire.

« C'est très bien, s'écria Riley en parlant à Miss Hudson ; "mais supposez, Hemskirk , que vous trouviez un Espagnol graisseux avec des boucles d'oreilles et des boucles huileuses fouillant vos boîtes, sortant tout l'argent que vous avez, empochant votre belle pipe en écume de mer à monture d'argent"——

« Je voudrais siffler ou siffler la tête », répondit le Hollandais en respirant fort.

« Messieurs, vous alarmez inutilement les dames », s'écria le vieux Marline-Spike du haut de la table.

« Je suppose que vous ne manquez pas d'armes légères, capitaine ? rugit le colonel ; « Il y en a beaucoup pour nous ici ainsi que pour vos hommes ?

« J'insisterai pour que vous ne vous mêliez pas, Edward, de quoi qu'il arrive », s'écria sa femme en lui faisant un signe de tête emphatique par-dessus le bord de son éventail au nez romain.

« Alors, je vais m'en mêler, ma chère », cria-t-il. « S'il s'agit de ces coquins qui nous attaquent, je me battrai, comme nous le ferons tous, bien sûr », et il tourna de nouveau ses petits yeux enflammés vers M. Johnson.

«Mon carnet est prêt, colonel», dit agréablement M. Johnson, avec un sourire satirique au petit soldat poivré. « Je ne vous perdrai pas de vue, monsieur.

« Je crois que vous le ferez alors, monsieur, » ricana le colonel, « à moins que le capitaine Keeling ne prenne la précaution de fermer ses écoutilles pour empêcher quiconque de se cacher en dessous depuis le pont.

« De simples fanfaronnades ne nous aideront pas », a déclaré Colledge , qui n'aimait pas le colonel ; "Il ne sert à rien de pester et de prendre d'assaut comme des héros dans une performance de vers blancs pendant une heure à la fois avant de tomber. Si le capitaine Keeling a besoin d'une aide autre que celle de son équipage, il peut m'en commander une.

« Je n'ai jamais enseigné le Fenthing », a déclaré M. Fairthorne ; 'si je me bats, ce doit être avec un muthket .'

« Si le navire devait être capturé, que deviendrons-nous ? s'écria Mme Hudson. «J'ai lu les histoires les plus barbares sur les pirates. Ils n'ont aucun respect pour le sexe ou l'âge ; et il est assez courant, j'ai entendu dire, que chaque pirate ait douze femmes.

Ici, Mme Trevor a soudainement crié pour que quelqu'un lui amène son bébé, puis est entrée dans une crise de colère et a été immédiatement emportée évanouie par les stewards, suivie par sa fille, pleurant amèrement. Le vieux Keeling a prêté serment.

« Maintenant, messieurs, s'écria-t-il, vous voyez ce que votre conversation a apporté. Mesdames, je vous prie de ne pas vous inquiéter . L'étranger ne nous causera aucun ennui, j'en suis persuadé ; et se levant avec un air de mépris, il salua avec raideur miss Temple et sa tante, et monta sur le pont.

J'étais trop curieux d'observer ce qui se passait pour m'attarder dans le câlin au milieu de ce vain bruit de langues. Notre navire n'ayant pas de voie de gouverne, avait dévié au rythme de la houle, et le brick était maintenant à l'avant tribord, à peu près aussi éloigné qu'il l'était lorsque nous sommes allés déjeuner, mais se détachant avec une clarté étonnante sur le ciel de suie. devant elle, sur lequel ses huniers se balançaient si fortement d'un côté à l'autre que les vergues inférieures semblaient parfois transpercer l'eau qui s'élevait vers elles dans les collines. Partout au-delà d'elle s'étendait une profonde ombre de tonnerre, un ciel renfrogné jusqu'au zénith, épais comme vu à travers une tempête de poussière, avec une vision du nuage touffu de la tempête électrique planant ici et là ; mais il n'y avait pas encore d'éclair, pas d'écho de grognements lointains ; il n'y avait pas un souffle d'air pour rafraîchir la lèvre humide, et le soulèvement silencieux de la houle était comme si le vieil océan respirait fort dans une posture d'attente muette.

Notre équipage traînait sur les ponts en groupes prêts à bondir au premier commandement. Des chandeliers en fer avaient été installés dans la ligne des rails, et des filets d'embarquement s'étendaient sur toute la longueur du navire, juste avant le gréement avant jusqu'au rail de dunette. À l'arrière se trouvait une petite équipe de marins stationnés près de chaque canon, avec toutes les machines nécessaires à l'artillerie à portée de main. Le capitaine, le second et M. Cocker se tenaient à la barre, regardant le brick avec un coup d'œil occasionnel autour de la mer pour déterminer le temps qu'il faisait. Je m'écartai pour avoir une autre vue de l'inconnue, et je remarquai avec admiration sa beauté semblable à un jouet alors qu'elle s'envolait avec un revêtement rougeâtre jusqu'à la tête d' une houle, avec de temps en temps un écho des plus délicats des applaudissements. et le battement de sa toile nous parvenait à travers l'atmosphère sombre et haletante, quand j'ai été abordé par quelqu'un à mon coude.

« Pensez-vous qu'il soit possible, M. Dugdale , que si ce navire tirait sur notre navire, il puisse nous frapper, aussi violemment qu'il est ?

J'ai tourné. C'était Mme Radcliffe, et avec elle se trouvait Miss Temple. À l'exception d'un « bonjour » ou d'un « bonsoir », je n'avais jamais échangé une syllabe avec cette dame depuis tout le temps qu'elle et moi étions ensemble à bord du navire. Son gentil petit visage s'agitait par saccades tandis qu'elle posait la question d'une manière qui rappelait les mouvements de la tête d'une poule. Miss Temple se tenait comme une statue, se balançant à la verticale majestueuse de sa silhouette sur le pont roulant sans le moindre effort visible pour garder son équilibre, ses yeux sombres et brillants fixés sur le brick.

« Ses artilleurs, dis- je, devraient être des tireurs d'élite expérimentés , devrais- je dire, pour nous frapper depuis une plate-forme aussi tumultueuse que celle-là là-bas.

« C'est juste mon avis, comme je te l'ai dit, Louise », s'est-elle exclamée.

« Si elle commençait à tirer, s'écria la jeune fille en gardant le regard tourné vers la mer, elle nous toucherait sûrement, même si ce serait par hasard.

«Très probablement», dis-je.

« Il y aura bientôt du vent, je pense, n'est-ce pas ? dit Mme Radcliffe.

«Je l'espère», répondis-je.

« Dans ce cas, dit-elle, nous pourrons naviguer et nous échapper, n'est-ce pas ?

« Elle nous poursuivra », s'écria Miss Temple ; " et comme il navigue plus vite que nous, il nous rattrapera ! "

« Maintenant, est-ce probable ? » s'écria Mme Radcliffe en jetant nerveusement la tête vers moi.

« Tout est possible en mer, dis-je en riant ; « mais il y a un accord en notre faveur , Mme Radcliffe : d'abord le temps, qui de toute façon handicape cet homme à l'heure actuelle ; puis la tombée de la nuit, avec toutes les chances de perdre le brick dans l'obscurité.

« Préconisez-vous que nous le fuyions ? s'exclama Miss Temple en me regardant avec une plénitude et une fermeté aussi embarrassantes et vexantes à sa manière qu'un regard impertinent.

« Oh, oui, dis-je ; 'certainement. Nous sommes un commerçant pacifique. C'est notre affaire d'arriver en Inde sain de corps'——

«Je devrais considérer», dit-elle en me regardant comme si elle voulait me soumettre à tout ce qu'elle choisirait de dire en me regardant simplement avec intensité, «que le capitaine Keeling agirait comme un lâche s'il s'enfuyait de là. petit vaisseau.

« Oh, Louise, comment peux-tu parler ainsi ! s'écria Mme Radcliffe avec une sorte de mouvement de mains désespéré .

« J'aimerais voir un combat entre deux navires », dit la jeune fille en retirant de mon visage ses yeux autoritaires pour les envoyer sur le pont parmi les groupes d'hommes. « Bien sûr, si ce navire nous attaque, nous, les dames, serons envoyées en bas pour déchirer la cabine avec nos cris à chaque bordée ; mais moi, je suis tout à fait disposé, si le capitaine y consent, à tirer sur ces gens à travers un hublot.

« Oh, Louise, les caprices qui vous possèdent sont vraiment affreux ! s'écria Mme Radcliffe : « imaginez, si vous deviez même blesser un homme ! cela vous rendrait malheureux pour le reste de votre vie ; peut-être que vous deviendrez catholique et que vous entrerez dans un couvent. Pensez-y.

Miss Temple regarda sa tante avec une petite lèvre retroussée.

« Je ne sais pas, s'écria-t-elle, pourquoi il serait plus épouvantable pour une femme de défendre sa vie que pour un homme. Personne, je suppose, ne souhaite faire du mal à ces gens ; mais s'ils tentent de nous faire du mal, pourquoi nous, les femmes, serions-nous choquées à l'idée d'aider les marins à protéger le navire par tous les moyens en notre pouvoir ? Je suis comme M. Fairthorne , continua-t-elle en me lançant un regard sarcastique ; "Je ne pourrais pas me battre avec une épée, mais je peux certainement appuyer sur la gâchette d'un mousquet."

« Cela n'a vraiment rien de féminin, ma chère », commença Mme Radcliffe.

« C'est absurde, ma tante ! Distinguée! Est-il plus distingué de sombrer dans l'hystérie et de s'évanouir que de viser un méchant misérable qui vous tuera si vous ne lui enlevez pas la sienne ? Et tout en disant cela, elle arracha un parapluie de coton des mains de sa tante, et le mettant sur son épaule, comme s'il s'agissait d'un fusil, le pointa sur le brick.

Colledge , qui se tenait à une petite distance, discutant avec deux ou trois passagers, frappa dans ses mains et éclata de rire. Pour ma part, je ne pouvais la quitter des yeux, tant les beautés de sa belle silhouette dans cette posture étaient fascinantes, sa tête penchée dans l'attitude du tireur et son profil de marbre se dessinant clairement comme une découpe d'ivoire. contre la douce masse sombre du ciel à l'arrière.

Mme Radcliffe leva de nouveau les bras dans un geste désespéré , en picorant, pour ainsi dire, son visage en direction des bandes d'hommes sur la dunette et à la taille ; puis, arrachant vivement son parapluie, elle passa son bras sous celui de sa nièce en s'écriant : « Aide-moi à atteindre la peluche, ma chère. Il y a un orage qui se prépare, j'en suis sûr, et j'ai peur des éclairs. Elle m'a fait une petite révérence hésitante et s'est dirigée avec Miss Temple vers le compagnon, où ils sont descendus tous les deux, suivis de M. Colledge , que j'ai pu entendre complimenter Miss Temple sur sa résolution de combattre l'ennemi, si l'étranger devrait en prouver un.

Quelques minutes plus tard, M. Emmett et M. Johnson se sont approchés de moi, se cognant l'un contre l'autre comme deux briquets dans une voie maritime alors qu'ils frappaient sur le pont vacillant avec leurs jambes chancelantes.

« Je dis, Dugdale », s'écria le journaliste, « allez-vous vous battre ? »

«Eh bien, oui», répondis-je. "On s'attendra certainement à ce que nous aidions tous l'équipage."

"Je ne vois pas ça!" s'exclama M. Emmett, ramenant son corps éveillé jusqu'à son nez et croisant ses bras avec un geste tragique sur sa poitrine, tandis qu'il balançait sa silhouette d'un côté à l'autre sur ses jambes largement étendues. « C'est très bien de s'attendre à tout cela ; mais je suis d'accord avec Johnson, dont l'argument est que nous avons payé notre argent pour être transportés en toute sécurité à Bombay ; et je ne vois absolument pas que le capitaine ait le droit de rechercher notre coopération, à moins qu'il ne parvienne à le faire de manière à nous permettre de l'aider sans mettre nos vies en péril .

« Mais ce type là-bas est peut-être plein de voyous, Emmett », dis-je ; « et si vous n'aidez pas nos marins à défendre la *comtesse Ida* , ils pourraient nous arraisonner ; et alors ils vous trancheront la gorge, ajoutai-je en regardant son long cou, ce qui n'est pas une sensation très agréable, je crois, et une expérience qui vaut bien une pincée d'héroïsme à éviter.

« C'est une affaire tout à fait bestiale », dit-il en fronçant le nez en regardant le brick.

« Mais pourquoi devraient-ils nous embarquer ? s'exclama M. Johnson. « S'ils le font, ce sera la faute du capitaine. Pourquoi veut-il continuer à rester *ici* , comme si, par George ! nous étions un navire de guerre à trois ponts hérissés de canons et rempli d'hommes jusqu'à l'étouffement ?

« Il n'y a pas de vent, dis-je ; "et sans vent, Johnson, les navires ne peuvent pas naviguer."

« Alors pourquoi, ces foutus connards, n'abaisse-t-il pas tous les bateaux, s'écria-t-il, et ne les remplit-il pas de matelots, et ne tire-t-il pas le navire hors de la vue de cette bête là ?

J'ai carrément ri.

"Eh bien, je n'ai pas l'habitude d'utiliser un langage fort," dit M. Emmett en regardant le brick d'un air renfrogné ; mais maudis-moi si je dois me battre. Mon simple argument est que j'ai payé mon argent pour être transporté pacifiquement en Inde ; et, ajouta-t-il en jetant un coup d'œil au vieux Keeling, qui regardait le ciel comme pour observer s'il y avait quelque dérive dans la vapeur là-haut, s'il ne remplit pas son engagement, je le ferai. poursuivre lui ou ses propriétaires pour rupture de contrat.

« Je ne suis pas marin », s'écria M. Johnson, « mais je peux prétendre avoir une certaine intelligence en tant que terrien, et mon argument est, » s'écria-t-il en parlant d'une voix forte, « que c'est tout à fait dans le pouvoir du capitaine Keeling. pour lancer les bateaux et éloigner le navire de cet endroit. Dans une heure, le brick serait hors de vue.

À cet instant, il y eut un éclair qui fit un éclat cramoisi du ciel sombre au-delà du brick, où le ciel s'inclinait d'une horrible couleur d'ardoise jaunâtre dans l'épaisseur de suie qui encerclait l'horizon.

'Ha!' s'écria M. Emmett, je n'aime pas la foudre ; et il descendit brusquement l'échelle de dunette jusqu'à la dunette et disparut.

« C'est le bordel ! » grommela Johnson. « C'est très bien de tirer ou de se faire tirer dessus si l'on fait de la boucherie un métier. Mais être mutilé ou tué dans une bagarre bon marché – devoir se battre pour des gens qui ne vous tiennent pas à cœur – obligé, par exemple, de mettre en danger vos yeux, vos membres, peut-être votre existence même, pour une vieille femme comme Mme. Bannister, quand les affaires ne sont pas du tout dans son domaine… » Il serra le poing et, attrapant sa cuisse avec, s'écria : « Que le petit colonel autoritaire Cock-a-doodle-doo tranche autant de gorges qu'il peut venir. à— je suis un homme de paix. Je me suis départi d'une grosse somme pour me rendre confortablement en Inde ; et s'attendre à ce que j'aide les matelots à se battre est aussi monstrueux que de compter sur moi pour les aider à enrouler les voiles et à nettoyer les ponts.

En parlant ainsi, il suivit M. Emmett jusqu'au gaillard d'arrière .

CHAPITRE XII
UNE TEMPÊTE DE VENT

L' atmosphère prenait désormais une teinte plus sombre. Le tonnerre avait suivi l'éclair de l'ouest, faible, lointain, mais continu, comme une succession rapide de batteries de plusieurs navires de guerre entendue de loin ; et alors que les échos de ce grondement menaçant parvenaient à nos oreilles au-dessus de la houle lisse comme du verre, la nouvelle teinture de l'obscurité est entrée dans la journée et a fait de l'après-midi une obscurité nocturne.

Le bruit du tonnerre avait été comme un appel au silence sur le navire. Les hommes pendaient en groupes silencieux le long des ponts ; immobile au volant se trouvait la grande forme d'un marin puissant, agrippant les rayons avec un embrayage de fer qui pouvait à peine être ébranlé par la forte traînée fréquente de la barre franche sous le coup de gouvernail ; les matelots postés aux canons à l'arrière se tenaient, les bras croisés ou les mains négligemment enfoncées dans leurs poches, regardant le brick, ou, avec les regards impatients des matelots attendant les bras croisés sur le pont pendant leur quart en bas, dirigeant leurs regards vers l'horizon ou le ciel, comme à la recherche d'un signe de vent. Les trois compagnons continuaient de surplomber le bastingage près du capitaine, qui marchait de long en large sur une planche avec une lunette sous le bras, qu'il pointait parfois vers le brick, puis s'adressait à ses officiers à voix basse.

Toutes les dames étaient en bas ; mais peu de temps après que M. Johnson m'eut quitté, Miss Temple monta sur le pont et alla sur le côté pour regarder l'étranger, et s'attarda là, avec son regard fixé sur le ciel de l'ouest, sur lequel les éclairs couraient maintenant en lignes fluides, un une cascade de traînées de feu avec une fréquente flamme d'ouverture sourde en bas, que les têtes de la houle capteraient et refléteraient comme s'il s'agissait d'une lueur instantanée d'un coucher de soleil. Si elle avait daigné me regarder, j'aurais dû la rejoindre. Elle flâna un moment, puis quitta le pont ; et au même instant, le second s'avança jusqu'à la rupture de la poupe et cria l'ordre d'enrouler la voile d'avant et le hunier d'artimon et de serrer le ris du hunier.

« C'est un état de suspense très désagréable », dit le petit M. Saunders en se plaçant à côté de moi et en me regardant en face.

« Très », répondis-je ; mais il semble que le temps allait éteindre notre inquiétude au sujet du brick.

«Oui», dit-il. « J'ai entendu le capitaine dire à M. Prance qu'il croyait qu'il y avait un coup de vent derrière cette tempête là-bas. Seigneur! quel flash très vif. Écoutez ! il s'approche rapidement de nous.

Il y eut maintenant un grondement de tonnerre, un long rugissement de volée, et quelques grosses gouttes de pluie tombèrent. M. Cocker se tenait près du rail, un télescope à la main. Il observait activement les hommes en l'air, donnant parfois un ordre au maître d'équipage d'une voix qui dépassait l'oreille comme une pierre lancée par une fronde. Une grosse goutte de pluie tomba sur le nez de M. Saunders.

« Il est sur le point d'éclater, je pense », dit-il en regardant droit vers le ciel avec ses yeux modestes et désireux. «Je vais descendre;» et la petite créature descendit au trot.

'M. Cocker, dis-je, prête-moi ton verre un instant, veux-tu ? Je l'ai pointé vers le brick. « Oui », m'écriai-je en parlant au second, le télescope devant l'œil ; «Je crois que je ne m'étais pas trompé. Plein d'hommes, en effet ! Phew! Eh bien, il y a suffisamment de main d'œuvre sur ses vergues pour fournir l'effectif d'une frégate de cinquante canons.

C'était effectivement comme je l'ai dit. Ils enroulaient toutes leurs toiles sur l'étranger, dans l'intention apparemment de lui permettre d'affronter ce qui allait arriver avec une petite voile de tourmente , que je pouvais voir une foule de marins se pencher et se préparer à la mise à l'eau. Ses vergues de misaine et de hunier étaient chargées d'hommes grouillant comme des abeilles le long des lignes fines et délicates des espars, et même sous mes yeux, la toile qu'ils enroulaient se fondait en de fines traînées blanches. Dans les traverses des deux mâts, et plus haut encore dans les vergues au-dessus, ainsi qu'aux sommets, se trouvaient un certain nombre d'hommes occupés à faire descendre les vergues royales, les vergues aériennes et les vergues et à loger les mâts de perche. Il me semblait qu'il y avait au moins une centaine de membres d'équipage à bord du navire.

Vous trouviez quelque chose de presque épouvantable et absolument saisissant dans la netteté du petit tissu qui roulait derrière elle sur le ciel noir comme le tonnerre, et dans la longue houle maligne aux teintes verdâtres dans laquelle scintillait l'éclair plongeant comme si l'eau crépitait. avec des feux phosphoriques. Aussi sombre que fût l'atmosphère avec l'ombre profonde de la tempête, le brick se détachait à l'œil, visible dans les moindres détails que la vue pouvait atteindre, plongeant lourdement sous ses espars nus, avec ses flancs noirs et humides projetant la flamme en miroir de la foudre. clignote avec un éblouissement aussi clair que le verre ou le laiton poli le feraient.

« Le nombre de son équipage témoigne de son caractère », dis-je en rendant le télescope à M. Cocker.

« Oh, il n'y a aucun doute sur elle », s'est-il exclamé ; « le capitaine est un vieux bricoleur, et il l'a rapidement arrachée.

« Le temps y mettra fin, je pense, » dis-je. « Très chanceux pour nous, M. Cocker. Un équipage important de voyous et six canons d'un côté, sans parler d'un canon de vingt-quatre à l'avant, et de coutelas et d'armes légères à gogo, ne constituent guère une plaisanterie. Il est facile d'imaginer la belle, qui navigue, j'ose dire, à trois pieds de nous, naviguant tranquillement le long et jetant à son bord soixante-dix ou quatre-vingts de ses enfants, assassins à la peau sombre, armés jusqu'aux dents, puant l' ail. Eh bien, pendez-moi, monsieur Cocker, si je ne croyais pas que le temps de cette noblesse était révolu il y a quelques années.

Ses lèvres remuaient pour me répondre, mais il y eut à cet instant un éclair large et aveuglant qui enflamma le ciel, immédiatement suivi d'un fracas de tonnerre aussi assourdissant que si un premier ordre avait explosé à proximité de nous. Une fois de plus, l'air renfrogné des nuages s'approfondit dans l'obscurité, et le brick devint soudain vague dans l'obscurité de la tempête.

"Voilà la pluie!" s'écria M. Cocker en désignant une ligne d'ombre grisâtre avec un air de vapeur bouillante pour ainsi dire à la base. Il avançait lentement vers le brick, et sa chute perpendiculaire faisait penser à lui comme à une vaste nappe d'eau qui débordait et se cataracteait à pic sur le bord d'un nuage.

« Il n'y a pas de vent là-bas, dis-je ; « C'est un véritable ouragan irlandais, de haut en bas. Mais voilà, optez pour un imperméable.

Je me suis traîné en bas pour chercher un ensemble de vêtements en caoutchouc, étant trop impatient d'observer ce qui allait se passer pour choisir de quitter le pont. Tous les passagers étaient rassemblés dans la câlin, et les éclairs, qui brillaient dans les hublots et les lucarnes, éclairaient leurs visages dans l'atmosphère sombre, les faisant paraître une foule pâle et tremblante. Le colonel arpentait le pont près du piano. Miss Hudson s'appuya contre sa mère, les mains sur les yeux. Si jamais un éclair plus brillant que d'habitude survenait, une dame ou une autre crierait. Colledge et Miss Temple étaient assis sur un damier ; mais je ne pouvais pas comprendre, au regard précipité que je jetais sur les gens en les traversant, qu'ils jouaient. Je me suis équipé de la tête aux pieds en imperméables et suis revenu dans le salon en route vers la dunette.

« Tu vas sur le pont, Dugdale ? s'écria M. Johnson en criant à haute voix pour rendre sa voix audible au-dessus de la canonnade continue du tonnerre.

«Oui», répondis-je.

« Vous serez frappé à mort, monsieur », cria Mme Hudson.

"J'ai à moitié envie de vous rejoindre," dit M. Emmett, en se levant d'un bond avec un regard sauvage vers la lucarne : "c'est tout simplement bestial ici."

« Écoutez ça ! brailla le colonel ; 'il y a une douche pour toi !'

Le mur de pluie nous avait atteint. Pendant une minute avant qu'il ne heurte le navire, on l'entendait siffler sur la mer comme vingt locomotives qui s'échappent ; alors dodu ! La cataracte est arrivée sur nos ponts. Si chaque goutte avait été une brique, le bruit n'aurait pas pu être plus étonnant. On ne pouvait pas entendre le tonnerre à cause du rugissement de la chute d'eau et des grêlons, même si la note grave et terrible de l'orage électrique était là pour ajouter à son son formidable. L'obscurité était maintenant si épaisse dans la cuddy, que dans les intervalles des éclairs, les visages des gens étaient à peine distinguables. Au milieu des bruits distrayants du tonnerre, de la tempête haletante de grêle et de pluie, de l'eau tombant en cascade des ponts par-dessus bord dans un jaillissement et un bouillonnement furieux, s'éleva le chœur d'un certain nombre de marins sur la dunette tirant sur le grand hunier. là, il y avait des drisses , avec le gazouillis perçant de la flûte du maître d'équipage et les ordres rauques délivrés au-dessus de la poupe.

« Où est l'intendant ? brailla le colonel de sa voix la plus forte. « Bon sang, allons-nous rester ici dans le noir total ? Pourquoi personne n'allume-t-il les lampes ?

« Vous venez sur le pont, M. Emmett ? J'ai pleuré; mais il s'était retombé sur son siège, les bras croisés et la tête baissée ; et n'obtenant aucune réponse, je me dirigeai vers les marches voisines, recevant, en passant devant Miss Temple, un regard à moitié interrogateur de sa part, qui me fit regarder de nouveau, prêt à répondre à la question qui semblait planer sur ses lèvres. Mais ses yeux baissèrent aussitôt, et l'instant d'après elle s'était retournée pour dire quelque chose à sa tante, qui était sur un canapé derrière elle ; alors, en arrondissant mes talons, je suis entré dans la zone fumante et mouillée.

Il n'y avait rien d'autre à voir que de la pluie, une telle nappe qu'il fallait explorer les latitudes dans lesquelles nous nous trouvions pour les mettre en parallèle. Les éclairs brillaient sans cesse au milieu, et chaque ligne de l'eau qui tombait étincelait comme un fil rougeoyant dans des teintes éblouissantes de pourpre et de violet en alternance. J'ai attendu sous l'abri de la couverture de compagnon que le premier poids de toute cette pluie et de cette grêle soit passé. À travers la brume d'humidité qui s'élevait comme de la vapeur sur les ponts jusqu'à la cataractale En submergeant, je pouvais distinguer la silhouette du vieux Keeling ressemblant à un épouvantail trempé, le chapeau de beau temps sur la tête réduit en pulpe et pendant autour de ses oreilles comme une figue pourrie. L'homme au volant se tenait comme une statue au milieu de la pluie battante ; mais les hommes qui étaient postés aux canons étaient partis.

Je n'étais pas une minute dans l'écoutille que le ciel semblait s'ouvrir jusqu'au cœur de ses profondeurs par un éclair, suivi dans l'espace d'un battement de cœur par un choc de tonnerre qui semblait se produire immédiatement. au-dessus de nos têtes de mât – un fracas des plus bouleversants, s'il en est jamais un ! et comme par enchantement, la pluie cessa et l'atmosphère s'éclaircit sensiblement. Il y eut un grand bruit de cris dans la cuddy, et à moitié aveuglé et assez étourdi par ce terrible éclair et le coup de tonnerre qui avait suivi, je descendis les marches en rampant, le pouls battant fort dans mes oreilles pour voir ce qui se passait. C'était arrivé, sans savoir que quelqu'un avait été frappé et peut-être tué.

'Qu'est-ce que c'est?' J'ai crié au colonel qui se tenait au pied de l'échelle.

« Seule Mme Hudson est hystérique », rugit-il ; En entendant cela, je remontai, n'étant pas d'humeur à faire partie de la compagnie nerveuse d'en bas.

La houle s'était aplatie ; tout à tribord, il y avait un suintement de lumière du jour dans l'épaisseur haletante, avec d'horribles masses de vapeur noire, en forme de bosse , qui se dessinaient dans l'affreuse étouffement jaunâtre, comme si elles se tordaient, comme si elles se rassemblaient en un fouillis ; mais à bâbord, c'était noir comme le tonnerre, une pente d'encre blanche de pluie, avec des éclairs crachant et zigzaguant partout. Je me suis dirigé vers la rampe, où se tenait M. Cocker avec ses vêtements pleins d'eau.

« Une jolie petite douche ! » dis-je.

"Très bien", répondit-il, avec un visage blanchi comme la chair d'une main de blanchisseuse. « Un fléau pour ce genre de travail, dis-je ! Cette serge rétrécit énormément lorsqu'elle est trempée, et mon pantalon sera jusqu'aux genoux demain matin – trois livres dix aussi bonnes que lavées dans la poche d'un homme.

« Où est votre verre, M. Cocker ?

« Dans ce poulailler là-bas, dit-il.

Je me retirai et le dirigeai vers la tache sombre du brick qui avait attiré mon attention, sortant du crépuscule humide comme le fantôme d'un navire.

« Par la perruque de mon arrière-grand-père ! m'écriai-je en sursaut. 'Donc! aucune crainte *maintenant* d'être arraisonné. Nos trachées sont sans danger pour le moment. Cherchez vous-même, monsieur Cocker.

Il la reluqua un instant, puis brailla au capitaine, qui parlait à M. Prance.

« Le brick a été touché, monsieur ! Son grand mât est sur le côté.

En vérité, c'était ce qu'il déclarait. Je lui ai retiré le verre des mains pour y jeter un autre coup d'œil et, bien sûr, j'ai pu distinguer clairement tout un morceau d'épave qui s'élevait sous le roulis de la houle tamisée le long de la coque ondulante du brick. Son mât de misaine et son mât de hune étaient intacts jusqu'aux arbres transversaux , mais à l'arrière, il était aussi complètement dénudé que si un hélicoptère avait été posé au pied du mât. Le désordre ne peut pas être décrit . Je pouvais voir qu'une partie de son pavois était écrasée , et que les lignes noires des haubans et des équipements serpentaient par-dessus bord comme autant de serpents se tortillant hors des écoutilles dans l'eau. Mais l'obscurité était trop profonde pour que je puisse voir ce que faisaient ses gens.

Je me suis dirigé vers le chemin des compagnons et j'ai appelé le colonel Bannister.

' Allô ? Et maintenant? Qui veut *de moi* ? il cria.

« Dites à ces dames, colonel, chantai-je, que le brick a été frappé par la foudre et que notre sécurité, en ce qui *le* concerne, est assurée.

Je l'entendis annoncer la nouvelle à voix haute alors que je me dirigeais de nouveau vers le côté, et un instant après, tout le groupe de passagers se précipitait pour voir par eux-mêmes. Les ponts étaient remplis d'eau, mais personne ne semblait s'en soucier. Les dames s'élancèrent jusqu'au bastingage, certaines d'entre elles jetant un coup d'oeil terrifié à la masse de ténèbres clignotantes qui s'installait à l'est, et esquivant le jeu des éclairs, pour ainsi dire, avec une sorte de baisse involontaire de la tête et lever les doigts vers les yeux.

Le vieux Keeling s'écria : « Mesdames, ayez la bonté de suivre mon conseil et de retourner à la cabane. Nous allons avoir un fort coup de vent dans quelques minutes.

" Gott , elle est en feu ! " » s'écria ici Hemskirk , en désignant directement le brick avec un gros index, tandis que de l'autre main il tenait une jumelle collée à ses yeux.

« Est-ce donc le cas, monsieur ! » cria M. Prance au capitaine ; 'il y a de la fumée qui s'élève de son écoutille avant.'

M. Cocker avait remplacé son télescope dans le poulailler ; J'ai sauté dessus et, en un clin d'œil, j'ai mis les lentilles sur le brick. Il y avait une apparence de fumée, une fine brume bleuâtre, comme si elle sortait d'un feu de joie nouvellement allumé, s'enfonçant lentement en spirale dans l'air immobile ; mais presque au moment de mon premier regard, j'ai cru voir quelque chose d'une teinte rougeâtre jaillir d'une inspiration dans cette fumée, comme s'il s'agissait d'un soudain jaillissement de flammes. Bien que le brick se trouvait à la même distance qui l'avait séparé de nous tout au long de l'après-midi, le mur vaporeux du firmament, enveloppé et entassé au-delà de lui, semblait le rapprocher de nous aussi près qu'il l'était réellement ; et maintenant, très facilement, à l'aide de la vitre, je pouvais voir ses ponts alors qu'il les faisait rouler dans l'obscurité avec ses gens, dont beaucoup hachaient et taillaient son gréement, comme pour nettoyer l'épave ; d'autres semblent passer des seaux; d'autres, encore, couraient sauvagement et comme cela pouvait sembler sans but, tandis qu'avec la régularité d'un balancement en action, la coque magnifiquement moulée roulait tranquillement d'un côté à l'autre avec une oscillation rythmée de son mât unique sur lequel le fragment de voile d'essai blanche se remplissait et creusé alors qu'il battait l'air, commençant à l'œil avec une pâleur très épouvantable tandis qu'il gonflait jusqu'à prendre sa teinte cotonneuse hors de l'ombre de ses courbes, et planait comme un papillon au-dessus du hideux vert sombre de la houle.

J'ai remplacé le télescope.

"Voici le vent!" J'ai entendu M. Cocker chanter.

« Mesdames, cria le vieux Keeling, laissez-moi vous prier de descendre.

La plupart d'entre eux obéirent, mais quelques-uns s'attardèrent, regardant avec curiosité le temps à venir. Je l'observai avec étonnement, car jamais auparavant je n'avais vu une tempête de vent s'abattre sur un navire à l'intérieur d'un mur. On en voyait la ligne dans une crête d'écume dont les extrémités se perdaient dans l'obscurité de chaque côté. Tout devant lui, il était d'une douceur semblable à celle d'un verre, et pas un souffle d'air ne se faisait sentir lorsque son sifflement orageux résonnait fort dans nos oreilles alors qu'il balayait, les nuages en haut s'élançant à droite et à gauche. , et un malaise plus pâle, à mesure que le jour augmente, venant dans l'air avec lui. Les notes de taureau de M. Prance résonnaient depuis la crotte jusqu'au navire.

'Tenez-vous près du grand hunier drisses — écoutes de misaine — trinquette de mât de misaine vers le bas .'

Le vent a frappé le brick. Mon regard était sur elle, et elle disparut dans le tourbillon hurlant des écumes volantes comme on éteint un reflet dans un miroir en respirant sur la vitre. Une minute plus tard, c'était à nous. Il a frappé l'Indiaman juste par le travers, et il s'est couché dans une planéité bouillonnante et sifflante d'eaux bouillantes, se baissant encore et encore, jusqu'à ce que la ligne du bastingage du pavois supérieur semble affleurer l'étouffement furieux de la levure. Il y avait deux hommes à la barre qui tenaient la barre fortement coincée. J'ai basculé vers une goupille d'assurage sur le bastingage, et la dunette est descendue de moi sous le vent à un angle qui faisait tourner les yeux vers la tête pour regarder le long de celle-ci. Il y avait une véritable note d'ouragan dans le beuglement du vent en hauteur sous la ruée et la disparition des nuages affolés, et le premier éclair de celui-ci entre nos mâts était comme le passage d'une vingtaine de locomotives passant à toute vitesse et hurlant comme ils sont allés.

J'attendais de voir ce que le navire avait l'intention de faire, lorsque l' écoute de grand- voile s'est ouverte, malgré une voile à triple ris, avec un bruit semblable à un autre coup de tonnerre, et en un instant la toile s'est éloignée de la vergue en rubans . avec M. Cocker criant à pleine voix, et une foule de marins dégringolant et chavirant sur le pont principal sous les ordres de l'officier de hisser sur les lignes d'écoute . C'est à cet instant, au milieu de tout ce prodigieux hallabaloo , que j'aperçus Miss Temple sous le vent du mât d'artimon , se tenant à un agrès assuré au pied du mât. Alors que mon regard se posait sur elle, la corde qu'elle tenait s'est redressée d'elle-même ou s'est détachée de la goupille, et elle a basculé sous le vent. Il y avait des poulaillers, des bastingages et des haubans d'artimon pour l'empêcher de passer par-dessus bord ; mais rien ne l'empêchait de se casser un membre, ni même le cou, si elle lâchait prise. Même si mes jambes conservaient encore quelque chose de leur ancienne agilité de marin, la pente du pont leur rendait un travail désespéré. Il faut pourtant atteindre la jeune fille, et immédiatement. Elle ne semblait pas avoir assez de bon sens pour descendre le long de la corde jusqu'à ce que ses pieds se touchent, position dans laquelle elle aurait pu se suspendre en toute sécurité. Elle maintint son premier embrayage sur le train et se balança au-dessus du pont à une hauteur d'environ deux, peut-être trois pieds. Keeling, qui s'accrochait au hale-bas météo , ne semblait pas la voir. Les timoniers qui roulaient au volant ne s'occupaient que de leurs affaires. M. Prance et le second officier, griffant le bastingage de cuivre au niveau de la poupe, se penchèrent au vent, les yeux rivés sur les lambeaux ruisselants du grand hunier , criant des ordres.

Il n'y avait qu'un seul moyen d'atteindre la jeune fille avec rapidité. Je me laissai tomber sur le pont, me mis à genoux, la tête au vent, et me dirigeai d'abord vers l'arrière dans cette attitude par rapport à la ligne de poulaillers sous le vent, le long de laquelle je me mis à voyager à moitié coincé par mon propre poids contre le bateau. barreaux des poulaillers, jusqu'à ce que, m'approchant de la jeune fille, je me mis sur mes jambes, et plantai fermement mon pied gauche contre le fond de la rangée de cases dans lesquelles les volailles étaient emmurées, et m'appuyant sur ma jambe droite dans une posture d'escrime. , j'ai mis mes bras autour de sa taille et lui ai dit de lâcher prise. Elle l'a fait immédiatement, probablement parce qu'elle ne pouvait plus tenir le coup. Le poids de sa noble silhouette était bien plus important que ce à quoi je m'attendais. J'avais pensé à la retenir assez loin du pont et à l'éloigner, pendant qu'elle était dans mes bras, jusqu'au poulailler derrière, sur lequel elle pourrait s'asseoir ; mais elle était trop pour moi. J'ai été obligé de laisser ses pieds toucher les planches, où, perdant l'équilibre, elle a passé son bras autour de mon cou pour éviter de tomber. L'instant d'après, j'étais logé sur le poulailler, elle sur mes genoux, et ses bras enserraient toujours ma tête ; mais ce n'était que pour une respiration ou deux. Il était facile de la soulever à mes côtés, et elle était assise là, son beau visage sombre de rougeurs, et ses yeux pétillants d'inquiétude et de confusion et de vingt autres passions et émotions, tandis que la courbe de sa poitrine montait et descendait avec une rapidité hystérique.

« Quelle position très ridicule ! Cela me sert bien. J'aurais dû suivre les conseils du capitaine. J'aurais dû descendre en bas.

C'est tout ce que mon hautain compagnon daignait dire. Pas une syllabe de remerciement, pas un regard de douceur pour me récompenser ! Cependant, pour être raisonnable, elle aurait à peine pu être audible si elle avait essayé de parler davantage. Même pour saisir les quelques phrases qu'elle prononçait, je dus tendre l'oreille au mouvement de ses lèvres, que le vent coupait son discours avec un cri silencieux.

Dans le tonnerre de la tempête, qui se dessinait encore livide sur l'horizon oriental, il y avait peu de chose qui surpassait le rugissement sauvage et prodigieux de ce premier sursaut de l'ouragan. Le navire continuait de s'allonger sous le vent violent à l'angle qu'il avait atteint - c'était aussi bon ou mauvais, en fait, que d'être sur ses extrémités de travers - et Miss Temple et moi avons été forcés de garder nos sièges sur le bord. un poulailler, pas plus capable de ramper sur le pont jusqu'à l'endroit où se trouvait l'écoutille compagnon que s'il s'agissait d'une pente de glace polie. C'était peut-être ce qu'elle entendait par « le ridicule de sa position ». Le capitaine, debout au vent, jetait des regards menaçants sur la bande du hunier et sur la trinquette de misaine , dont les toiles continuaient miraculeusement à tenir. Il y avait trop de vent pour que la mer se lève brusquement ; en effet, le poids du souffle avait aplani les restes de houle que la pluie et la grêle avaient laissés ; l'océan était une surface plane d'écume, d'où la tempête de vent arrachait des tempêtes de neige entières de flocons d'écume, qui volaient au-dessus du navire en nuages qui blanchissaient en une sorte d'éblouissement, comme si le soleil les touchait, tandis qu'ils volaient. dans leurs masses palpitantes à travers le ciel de plomb qui se déversaient sur la mer au-dessus de la proue du navire en lambeaux et en longueurs traînantes et en spirales giratoires de vapeur de suie .

'Regarder!' J'ai crié à Miss Temple et lui ai montré notre poupe, où, à cause de la faiblesse volante et de l'épaisseur des embruns, la silhouette du brick se formait à cet instant.

Je sautai sur le poulailler pour mieux voir, m'agrippant aux haubans d'artimon pour me soutenir.

« Dois-je vous donner un palan ? » J'ai pleuré à la fille.

Sa curiosité était trop forte ; le brick volant – une vision fugace de l'objet qui nous avait rempli d'alarme et de suspense tout au long de la journée, était une merveille dont il fallait être témoin à un moment comme celui-là, à tout prix. Ses lèvres s'entrouvrirent pour dire oui au hurlement du vent, et en un instant je la plaçai à côté de moi, mon bras sous le sien, la saisissant et la soutenant solidement, et nous deux regardant à bout de souffle la vue derrière.

Avec son mât unique s'élevant jusqu'aux croisillons du mât supérieur, les vergues carrées, les restes de la voile d'essai ruisselant comme des cheveux blancs de gaffe et de boltrope, le brick balayait sous notre poupe, filant de travers, bouillonnant doucement comme un traîneau sur une plaine plane. de neige, et se précipitant devant le vent droit comme le vol d'une flèche. Une épaisse fumée noire, dont la base était rougie par de brusques langues de feu, soufflait sur son arc et colorait d'un teint de tonnerre l'atmosphère dans laquelle elle s'engouffrait. Il parut s'élever de l'écoutille avant et s'enfuit directement du pont. J'aperçus des foules d'hommes à l'avant et à l'arrière, avec quelques gaillards sautant dans le gréement avant tandis que le brick se précipitait pour nous faire des gestes. Mais la vision allait et venait en quelques respirations comme un objet vu par la foudre. Le vent et les embruns étaient si denses qu'il y avait à peine un câble d'ouverture autour de nous. Le brick est apparu et est parti ! un fantasme, avec les eaux blanches se déversant sur sa vergue à voiles alors qu'elle s'y précipitait, et on ne remarquait pas plus d'elle à l'œil pendant la rapidité de sa plongée d'un mur d'embruns à un autre, que les lignes délicates de son gréement supportant le mât de misaine, le bout-dehors disparaissant dans un nuage de fumée, soufflant devant lui, un tronçon de pont blanc, un éclair de verre de lucarne, la lueur, pour ainsi dire, d'une vingtaine de visages tournés vers nous.

« Elle est en feu », criai-je à l'oreille de Miss Temple : « elle transporte un équipage condamné dans cette épaisseur !

Elle bougea, comme pour reprendre sa place, et je la ramenai dans le poulailler avec beaucoup de précautions .

Mais le premier terrible dépit du vent avait maintenant disparu, et la forme de pigeonneau de l'Indiaman, sortant un peu du chaudron bouillonnant dans lequel il gisait, le bastingage du pont principal affleurant la surface de levure, commençait lentement à porter ses fruits. Ses ponts se sont progressivement nivelés, et bientôt il était juste devant le vent, avec le hurlement de celui-ci à son taffrail , et ses énormes étraves entassés sur la mer blanche jusqu'à ce que les sauts des sommets soient à chaque tête de cathead.

M. Colledge apparaissait dans la descente .

« Oh, vous y êtes, Miss Temple ! » rugit-il. 'Mme. Radcliffe est fermement persuadé que vous avez été projeté par-dessus bord.

Elle se leva, mais se rassit, car le vent était trop fort pour elle. L'ami Colledge lui-même semblait coincé par le poids du véhicule dans l'écoutille.

« Nous pourrons peut-être nous débrouiller entre nous », criai-je ; et passant mon bras sous le sien, je nous conduisis tous les deux au vent et la montai sur l'échelle de compagnon, où elle descendit.

CHAPITRE XIII
LE FEU !

IL y a eu un vent violent toute la nuit. Une mer montagneuse roulait deux heures après le premier coup de vent, au milieu de laquelle la *comtesse Ida* restait bloquée sous une petite voile de tempête, faisant en effet un temps très mauvais. Il y avait un accord à discuter, mais aucune opportunité de discuter. Il y avait peu de personnes à table, bien que la mer fût alors modérée en comparaison des hauteurs nauséabondes auxquelles elle s'éleva plus tard ; et il n'y avait guère plus à faire tout au long du repas que de s'accrocher à sa chère vie, de garder un œil attentif sur sa nourriture et de se regarder sans voix à travers la table, au milieu d'un vacarme d'ouragan hurlant, de rugissements. des eaux, des cloisons tendues, un fracas incessant de vaisselle et autres objets bruyants, qui rendaient la conversation purement impossible.

Et vous pouvez ajouter à tout cela beaucoup de consternation parmi nous, passagers. J'avais vu des conditions météorologiques à mon époque, mais jamais un combat aussi agité et plongeant que celui-ci. Il y avait des moments, en effet, où l'on sentait qu'il était grand temps d'aller à la prière : je veux dire lorsque le navire s'allongeait sur l'inclinaison d'une houle prodigieuse jusqu'à ce qu'il soit suspendu par sa quille au-dessus de la pente, sa bordée sur l'eau, comme même si c'était le fond d'elle. Il y avait de nombreux soulèvements de cette sorte, et chacun d'eux était accompagné de cris à moitié étouffés venant des cabines, de bruits de fracas de cartons, d'objets non attachés, de chaises, de meubles de toutes sortes se précipitant à la vitesse de l'éclair vers côté sous le vent. Les incidents de la journée avaient eu de lourdes conséquences sur notre système nerveux : la proximité du brick, la perspective de nous faire trancher la trachée, l'orage furieux, le spectacle de l'embarcation frappée par la foudre, et le stock de courage laissé parmi nous. nous n'étions que minces pour une rencontre virile et courageuse d'une expérience telle que cette nuit devait le prouver.

Je me souviens très bien de l'apparition du cuddy à onze heures, alors que l'ouragan approchait de son apogée. Le navire était bloqué sur tribord amure, et les lampes du salon basculaient parfois vers bâbord jusqu'à ce que leurs globes semblent reposer contre le pont supérieur. J'avais réussi, à la manière d'un perroquet, à grimper le long de la table jusqu'à un plateau pivotant, où je me mélangeais un verre de grog de brandy froid, avec lequel je me glissais sur un canapé du côté sous le vent ; et là, je restais assis, regardant les gens au vent comme une rangée de personnages dans une galerie.

Dieu sait que j'étais peu disposé à rire ; pourtant, je n'ai jamais pu m'empêcher de rire devant l'apparence misérable que présentaient la plupart de mes compagnons de voyage rassemblés là. Près du devant, sur les sièges au vent, était assis M. Johnson, la terreur se reflétant très visiblement dans son visage blanc. Ses yeux roulaient effroyablement vers chaque perron inhabituellement lourd du navire, et sa longue silhouette maigre se tordait d'une manière ridicule à voir, dans ses efforts pour s'empêcher de s'élancer en avant. Près de lui se trouvait M. Emmett, qui s'efforçait de se maintenir en appuyant sur les coussins avec ses mains et en écartant ses jambes comme un compas ouvert avec les orteils enfoncés dans le tapis du pont, comme s'il était un ballet. danseur s'apprêtant à tenter une pirouette sur ces extrémités. Le petit M. Saunders, qui s'était inconsidérément assis du côté météo, s'assit avec ses jambes courtes se balançant haut sur le pont dans les dernières angoisses, comme on pouvait le voir, de s'accrocher. J'avais les yeux rivés sur lui lorsqu'il glissa du coussin vers l'un de ces soulèvements vertigineux du navire qui auraient pu faire croire à n'importe qui qu'il chavirait. Il tira sur le cuir lisse comme un carreau tiré d'une arbalète et, frappant le pont, se retourna encore et encore à la manière d'un garçon descendant une colline. Il n'y avait rien pour l'arrêter ; il passa sous la table et arriva à moitié mort à une brasse de moi ; sur quoi je me suis approché de sa petite silhouette et je l'ai ramassé. Il n'a pas été blessé, mais il a eu terriblement peur.

« Quel temps choquant, bien sûr ! C'est tout ce qu'il a dit.

J'ai mis mon verre de grog dans la main de la digne petite créature, et il m'a remercié avec un de ses longs regards mélancoliques, puis il a porté le verre à sa bouche et l'a vidé.

Mais pour finir : à trois heures du matin, le vent diminuait sensiblement. Je m'étais endormi dans la couverture, et m'étant réveillé à cette heure-là, ne trouvant qu'une seule lampe allumée faiblement et l'intérieur désert, je me dirigeai vers l'écoutille, tâtonnai jusqu'à ma cabine et tombai sur ma couchette, où je dormis. jusqu'à huit heures et demie. Le soleil brillait lorsque j'ouvris les yeux : le navire plongeait et roulait, mais facilement, et d'une manière flottante et lancée, ce qui prouvait qu'il naviguait avec le vent vers l'arrière. Collège était assis sur sa couchette, les jambes par-dessus le bord, me regardant d'un air méditatif.

'Éveillé?' il s'est excalmé.

«Oui», dis-je.

« Beau temps ce matin, Dugdale . Mais préserve-nous, quelle nuit nous avons traversée, hein ? Vous souvenez-vous d'avoir parlé du *plaisir* d'un voyage ? Hier, c'était certainement une période pleine d'humour.

Je sautai du lit. « Patience, mon ami, patience ! » dis-je ; "Ce voyage se terminera, comme tout le reste dans notre monde."

— Oui, au fond de la mer, c'est tout ce qu'il faut savoir, grommela-t-il. « Un bout de terre devant vingt mille acres de bord, dis-je. À propos, vous et Miss Temple aviez l'air très heureux en compagnie l'un de l'autre lorsque j'ai jeté un coup d'œil par l'écoutille hier pour voir ce qu'elle était devenue, chez sa tante. demande.'

« Vous auriez dû traverser le pont un peu plus tôt, dis-je. Vous l'auriez trouvée pendue.

'Suspendu!' il pleure.

"Oh, pas par le cou", dis-je.

'Qu'est-ce que tu as fait?'

« Je l'ai sauvée. Je l'ai saisie par la taille et je l'ai portée glorieusement dans un poulailler.

« As-tu mis tes bras autour de sa taille ? dit-il en me regardant.

«Je l'ai fait», m'exclamai-je.

Il avait l'air un peu sombre. Puis, s'éclairant d'une manière intermittente, il dit : « Eh bien, je suppose que vous *deviez* le faire — un cas de pure nécessité, Dugdale ?

J'ai fermé un œil et lui ai souri.

«C'est une très belle femme», dit-il en me regardant de nouveau d'un air sombre. « J'espère que vous n'avez pas été assez indiscret pour lui dire que je suis fiancé ?

« Oh maintenant, mon cher Colledge , *ne* nous laissons pas plaisanter... *ne* nous laissons pas plaisanter ! dis-je. "A peine avez-vous échappé au risque d'être arraisonné par des pirates - au risque d'être décapité par quelque picaron géant - d'être frappé mort par la foudre - de sombrer dans ce navire au petit matin, alors qu'il circulait à la vitesse d'un cirque. vos pensées se tournent à nouveau vers les dames et votre bouche est remplie de questions passionnées. Où est votre gratitude pour ces évasions époustouflantes ? et étant à ce moment-là en état de préparation pour mon bain du matin, je me suis précipité hors de la cabine, riant bruyamment et sourd à son cri de : « Je dis, cependant, lui *as-* tu dit que j'étais fiancé ?

L'océan était un spectacle très grandiose. Le vent soufflait encore frais, mais comme le navire avançait avec lui, il semblait venir sans trop de poids. La mer coulait en longues vagues d'une richesse et d'un éclat de bleu étonnants, et de loin et de près leurs têtes écumantes brillaient vers le soleil dans une splendeur de blancheur qui contrastait le plus glorieusement avec les longues pentes sombres de l'eau ininterrompue. D'une ligne de mer à l'autre, le ciel était couvert de nuages d'une masse majestueuse et d'une grandeur de forme gonflée, aussi blancs en partie que l'écume qui se brisait sous eux, et avec de nombreux arcs-en-ciel dans leurs jupes, et une teinte violette tendre dans le ciel. au centre d'eux, ce qui leur donnait, alors qu'ils s'élevaient au-dessus de l'horizon, l'air d'effleurer la tête même des mers qui couraient. L'Indiaman fonçait dessus sous des huniers entiers et des huniers entiers, roulant avec la majesté d'un navire de bataille tandis qu'il avançait, avec un courbure rythmiquement récurrent de ses étraves lourdes jusqu'à ce que l' eau bouillonne jusqu'à la ligne de son bastingage de gaillard d'avant. , et son pont en avant semblait reposer aussi à plat qu'une cuillère dans l'étouffement éblouissant.

J'ai vu M. Prance sur la dunette et, après avoir pris mon bain, je me suis avancé pour échanger un salut avec lui.

« Le navire semble être sorti sain et sauf du désordre de la nuit dernière », dis-je.

«C'était un vrai jeu d'enfant», répondit-il; 'rien n'a souffert sauf le grand hunier . La *Comtesse Ida est* un bon navire, M. Dugdale . Ceux qui l'ont créée ont fait toutes les concessions, même pour ses rats. Je sais qu'il y a des embarcations qui se seraient entassés dans de simples paniers dans le popple de la nuit dernière . Mais il n'y avait pas un pouce d'eau de plus ce matin dans le puits *de la comtesse* qu'il n'en coulerait en vingt-quatre heures dans une rivière.

« Et le brick, monsieur Prance ? Je crois que Miss Temple et moi sommes les deux qui avons vu la dernière d'elle.

'Non. Le capitaine Keeling l'a aperçue alors qu'elle passait sous notre poupe, dit-il. « Elle était en feu ; et à ce moment-là, je pense que sa belle coque – et elle était vraiment belle, M. Dugdale – sera représentée quelque part autour de nous ici par quelques fragments calcinés.

«Ou, dis-je, même en supposant qu'ils parvenaient à éteindre l'incendie, M. Prance, son mât unique avec la majeure partie de son lourd panier en l'air n'allait pas résister très longtemps à l'ouragan. Ce sera donc soit quelques bâtons noircis, comme vous le dites, soit une pure carcasse. Et son peuple ?

« Ah ! s'écria le second en prenant une profonde inspiration, j'en autorise de quatre-vingts à cent. Aucun bateau construit par des mains mortelles n'aurait pu survivre la nuit dernière. Par le ciel cependant, mais cela suffit à rendre un arlequin réfléchi pour imaginer un tel navire chargé d'âmes comme ce brick transporté en toute hâte en de simples carcasses pour que les eaux profondes puissent les sentir et que la morue aux yeux dorés de l'Atlantique puisse les grignoter. à.'

« Maintenant, honnêtement, M. Prance, croyez-vous vraiment qu'il y avait quoi que ce soit du pirate dans ce brick ?

« Honnêtement, M. Dugdale , oui, monsieur ; et je n'ai aucun doute que si le temps avait pris une autre tournure, si une brise de navigation s'était levée, ou si l'eau était restée suffisamment douce pour une excursion en bateau, ses gens nous auraient mis à profit avec il y a de fortes chances qu'ils nous paralysent et nous pillent, pour ne rien dire de plus.

Ici, la cloche du petit-déjeuner a sonné et je me suis précipité vers la cabane pour terminer ma toilette pour la table.

Les discussions n'ont pas manqué ce matin lorsque les passagers ont pris place. Les inquiétudes du jour et de la nuit précédentes semblaient avoir seulement accentué la teinte pourpre du visage du vieux Keeling, et son visage ressemblait à la lune du nord-ouest dans une brume entre les hautes pointes de ses cols de chemise, alors qu'il tournait sa silhouette embrochée vers lui. d'un côté à l'autre répondant aux questions, souriant aux félicitations et s'inclinant devant le « Bonjour, capitaine » que les dames lui ont adressé. M. Johnson est venu à la table avec un œil au beurre noir, et le front du Dr Hemmeridge était soigneusement incrusté d'une immense bande de son propre pansement , l'effet dans les deux cas étant que les messieurs étaient tombés de leur couchette pendant la nuit. Le colonel Bannister s'était foulé le poignet et la douleur le rendait inhabituellement vindicatif et agressif dans ses remarques. Le temps n'avait apparemment pas été très favorable aux dames . Mme Hudson se présentait avec sa perruque légèrement de travers et sa fille avait l'air de ne pas s'être couchée depuis une semaine. Il était difficile de comprendre , en fait, que la jeune femme pâle et sans esprit , aux lourds yeux violets regardant langoureusement à travers leurs longs cils, qui approfondissaient pourtant l'ombre sombre dans les creux sous eux, était la jeune créature dorée, éclatante , rieuse et coquette de le matin précédent.

Je m'étais assuré d'un arc au moins de la part de Miss Temple ; mais je n'ai jamais croisé un seul regard de sa part. Pourtant, elle était très à l'aise et souriante dans ses conversations occasionnelles avec Colledge de l'autre côté de la table. Elle seule, parmi les femmes, semblait n'avoir rien souffert des violences de la nuit écoulée. Avec une apparence irréprochable, en ce qui concerne sa coiffure, sa tenue vestimentaire, etc., elle aurait pu quitter sa chambre à terre après quelques heures passées avec sa servante devant un miroir. Pas même un regard pour moi, pensais-je ! pas même un de ces sourires froids et vite effacés avec lesquels elle recevait le salut d'un voisin ou une phrase du capitaine !

J'étais assez stupide pour me sentir piqué, pour souffrir d'un accès de mauvaise humeur, en un mot, qui équivalait presque à m'entraîner dans une vilaine querelle avec M. Johnson.

« Vous savez, je souhaiterais plutôt *maintenant*, » dit ce journaliste, s'adressant généralement à nous à un bout de la table, mais avec un air prudent, comme s'il ne désirait pas que le colonel l'entende, « que ce brick d'hier nous *avait* attaqués. Cela m'aurait fourni l'occasion d'une description marine très remarquable.

« Mais ! » dis-je avec un ricanement ; « Avant qu'un homme puisse décrire, il doit voir ; et qu'auriez -*vous* vu ?

« Vu, monsieur ? » il pleure; 'eh bien, tout ce qui aurait pu arriver, monsieur.'

« Parmi les rats, peut-être dans la cale. On n'y voit plus rien , à part des eaux de cale .

« Bien ! » s'écria Mynheer Hemskirk . 'Cela pourrait j'ai été prêt à combattre Meester La description de Shonson avec la réalité .

«Je vous demanderai de ne pas mettre en doute mon courage», dit M. Johnson en me regardant avec un visage dont la pâleur n'était pas peu accentuée par son œil au beurre noir. «Je crois qu'en ce qui concerne le scratch, je devrais être trouvé aussi bon qu'un autre. *Vous* vous seriez battu, bien sûr, ajouta-t-il avec un ricanement sarcastique.

'Oui; J'aurais combattu alors, comme je suis prêt à me battre maintenant, dis-je en le regardant.

«Messieurs, messieurs», s'écria M. Prance d'une voix sourde et réprimande, «des dames vous entendront dans une minute.»

" Vous avez été marin, Dugdale , vous savez, " remarqua M. Emmett sur un ton satirique, " et vous auriez donc pu deviner hier que soit le brick était un commerçant inoffensif, soit que, en supposant qu'il ait été d'un nature pirate, elle ne nous attaquerait pas.

'Et quoi encore?' m'écriai-je en le regardant avec chaleur.

"Eh bien," dit-il avec un sourire idiot, "bien sûr, dans ces circonstances, une grande réputation d'héroïsme pourrait être gagnée à très bon marché."

Johnson s'allongea sur sa chaise pour se livrer à un rire bruyant. Son siège était un engin fixe et rotatif, et sa jambe à douille aurait pu être blessée pendant la nuit. Quoi qu'il en soit, le journaliste se rejetant en arrière avec un grand « Ha ! ha !' Suite au coup satirique de son ami Emmett, la chaise s'est cassée et il est parti en arrière avec un couteau dans une main et une fourchette dans l'autre. Le vieux Keeling se leva ; les stewards se précipitèrent vers l'homme prosterné. Les dames qui se trouvaient à proximité rassemblèrent leurs robes autour d'elles en le regardant plonger dans ses efforts pour s'extirper de la chaise dans laquelle ses hanches étaient en quelque sorte coincées. Pour ma part, après avoir déjeuné et à moitié étouffé de rire, j'étais assez content de m'enfuir sur le pont. En effet, le désastre m'avait calmé, et cet événement était quelque chose de reconnaissant, car une chose en entraînait une autre et, d'après ce qu'on pouvait en dire, le journaliste et moi aurions pu en venir aux mains alors que nous étions assis côte à côte. .

Lui et Emmett m'ont laissé de côté pour le reste de la journée. Mon propre caractère était plutôt maussade. J'ai passé toute la matinée sur le gaillard d'avant, fumant pipe après pipe dans les « yeux » du navire, discutant de manière fragmentaire avec le maître d'équipage, qui inventait des excuses pour entrer dans la « tête » et se livrer à une brève conversation avec moi, tandis que par ses postures et ses mouvements, il parvenait à donner un air professionnel au regard qui pourrait m'observer depuis la dunette.

Je n'oserais pas admettre que mon caractère maussade ce jour-là était dû à Miss Temple ; mais en secret j'avais bien conscience que mon humeur lui était due, et la simple perception de cela était pour moi une nouvelle contrariété. Qu'était pour moi cette jeune femme ? Que pouvait signifier son sang-froid, son insolence, son mépris froid et tranchant à mon égard ? Nous avions à peine échangé une douzaine de mots depuis notre départ de la Tamise. Même si mon admiration pour sa belle silhouette, son visage hautain, ses yeux sombres, tragiques et passionnés était d'une grande extravagance, elle était cachée ; elle ne l'avait pas deviné ; et elle n'avait donc pas sur mes humeurs et mes émotions l'influence qu'elle aurait pu avoir si j'avais su qu'elle était consciente à quel point elle me fascinait. Elle ne me donnerait même pas l'occasion de la détester complètement . Le cœur ne peut pas suivre une voie médiane avec une femme comme elle. Si son comportement m'avait permis de la haïr, je me serais senti tranquille ; mais sa conduite avait la qualité de marbre de ses traits, durs et polis, et trop glissants pour que les passions puissent y prendre pied . 'Peuh!' pensais-je encore et encore, tandis que je martelais vicieusement les cendres du fourneau de ma pipe sur le rail du gaillard d'avant, ne suis-je pas idiot de penser à cette femme de cette façon, de méditer sur elle, de spéculer sur elle - une personne ? qui m'est absolument aussi étrangère que n'importe quelle brave dame qui passe devant moi dans un parc de Londres ! Pourtant, je me surprendrais à plusieurs reprises à la regarder sous l'arche des cours, caché alors que j'étais juste en avant dans la proue du navire, pendant qu'elle faisait les cent pas sur la dunette avec M. Colledge , ou qu'elle restait un moment pour tenir une conversation. avec sa tante et le capitaine Keeling, la noblesse de sa silhouette et la noble dignité glaçante de son maintien me étaient distinctement visibles tout au long de la distance, et la définissant fortement parmi le reste des gens qui vacillaient et se traînaient sur le pont.

Le vent s'éclaircit vers midi ; la belle brise de navigation nous a fait défaut et s'est enfoncée dans un petit air au large du travers bâbord ; la houle de la mer diminuait, mais la couleur de la saumure était toujours du même bleu riche et étincelant du petit matin. Je n'avais jamais vu une teinte aussi profondément pure et aussi belle dans l'océan dans ces parallèles. Cela faisait penser aux latitudes du Cap Horn, avec le soleil blanc qui tournait bas et une lueur de glace dans le sud saphir lointain. Les grandes masses de nuages crème-doux teintés d'arc-en-ciel fondirent, et à deux heures de l'après-midi, c'était un véritable jour d'équinoxe, et l'Indiaman une image tropicale chaude , les auvents déployés, le ton s'adoucissant entre les coutures, une sorte de de brume bleuâtre et vaporeuse flottant paresseusement au-dessus de la ligne de son bastingage de pavois, à travers laquelle la faible limite de la mer apparaissait dans un horizon sinueux et étouffant. Le navire ondulait à travers elle, vêtu jusqu'à ses camions de tissus qui brillaient de la blancheur argentée des étoiles sous l'éclat brûlant de midi. Les ayahs se prélassaient sur le gaillard d'arrière , et John Chinaman était assis sur une caronade et tourmentait le bébé qu'il tenait dans des cris de rire et de colère en le lançant. La vieille truie grognait avec un grave grognement sous la chaloupe , et d'avant en arrière, tous les coqs du navire gonflaient sa gorge avec des chants provocateurs de beau temps .

Il était environ trois cloches ce soir-là – sept heures et demie – que je me tenais avec M. Prance près de la rampe en cuivre qui protégeait la cassure de la crotte, nous deux appuyés dessus, regardant un homme poilu et souriant. un camarade cabriolant dans un cornemuse un peu en arrière de l'ancre arrimée sur le gaillard d'avant. Le singe borgne que nous avions sauvé, et qui à cette époque était devenu un favori parmi les marins, était assis bas dans les avant-haubans , regardant le marin danser - une couleur étrange pour l'image de l'avant du navire. , vêtu comme il l'était d'une veste rouge et d'un bonnet semblable à un pot de fleurs renversé, dont le pompon pendait jusqu'à son orbite vide. C'était une soirée océanique des plus parfaites, l'ouest brillait glorieusement avec un coucher de soleil écarlate, la mer se soulevait tendrement, une douce respiration d'air chaud maintenait les voiles plus légères en l'air en silence. Tous les passagers étaient sur le pont, sauvant Miss Temple, qui jouait du piano toute seule dans la câline. Dans le renfoncement juste en dessous de moi se trouvaient trois ou quatre fumeurs ; et la voix de M. Hodder, s'échauffant lors d'une dispute avec Mynheer Peter Hemskirk , entra avec une insistance désagréable et dérangeante dans le tendre concert de sons produits par les violoneux en avant, les rires occasionnels des marins, les tintements dans le salon, les voix de les dames à l'arrière, le doux ondulation de l'eau à côté, se combinant et adouci par la distance et l'immensité au milieu desquelles le navire flottait, en une sorte de musique.

J'étais au milieu d'une conversation agréable avec M. Prance, tandis que nous nous accrochions au-dessus du rail, à moitié regardant le type qui avançait et à moitié s'écoutant. Il racontait certaines de ses premières expériences en mer, avec une allusion dans sa manière de sombrer immédiatement dans une humeur sentimentale lorsqu'il avait prononcé le nom d'une jeune fille à qui il avait été fiancé .

Tout d'un coup, la musique s'arrêta. Le violoniste qui travaillait sur les perches bondit et regarda vers le bas dans la posture d'un homme reniflant une odeur étrange. Le type qui dansait s'arrêta et regarda aussi, marchant vers le bord du gaillard d'avant et tendant l'oreille vers l'écoutille avant, à ce qu'il semblait. Il regarda autour de lui la foule de ses camarades qui l'observaient et dit quelque chose, et un groupe d'entre eux vint là où il était et resta à le regarder. Le point d'écoute de la grand-voile étant levé , tout ce qui se passait à l'avant était clairement visible pour ceux qui étaient à l'arrière.

« Qu'est-ce qui ne va pas là ? » s'écria brusquement M. Prance , s'interrompant de ce qu'il disait et envoyant un de ses regards de faucon vers le gaillard d'avant. "La pose de ce type qui joue du violon pourrait laisser croire qu'il a goûté au choléra quelque part."

Un maître d'équipage descendit l'échelle du gaillard d'avant et se dirigea vers l'écoutille avant, où il s'arrêta. Puis, jetant un coup d'œil vers l'arrière, il se dirigea vers la dunette à pas précipités et monta sur l'échelle de dunette, s'arrêtant lorsque sa tête était au niveau du pont supérieur.

'Qu'est-ce que c'est?' s'écria M. Prance.

L'individu répondit d'une voix basse, audible uniquement par le second et moi-même : « Il y a une odeur de feu à l'avant, monsieur, et un bruit comme si quelqu'un frappait à l'intérieur de l'écoutille.

« Une odeur de feu ! » éjacula le compagnon ; et rapidement, tout en gardant son allure tranquille, il descendit vers la dunette et s'avança.
Je m'étais depuis longtemps libéré de toutes les parties du navire, et je devinais donc que suivre le sillage du second n'attirerait aucune attention et ne donnerait aucune importance à une affaire qui pourrait se révéler une fausse alerte. Au moment où il atteignit l'écoutille, j'étais à ses côtés. Le maître d'équipage et le voilier sortirent de leurs cabines, un certain nombre de matelots quittèrent le gaillard d'avant pour nous rejoindre, et le reste se rassembla au bord du pont surélevé, regardant en bas. La trappe avant était un grand carré protégé par un couvercle qui devait être soulevé en morceaux. Une bâche était tendue dessus avec des fers à lattes pour le maintenir fixe, car c'était une écoutille dans laquelle il n'y avait que rarement ou jamais l'occasion d'entrer en mer, la cargaison y affleurant selon toute probabilité.
A peine étais-je resté un instant dans l'atmosphère de cette écoutille, que j'ai senti une légère odeur de brûlé, mais trop subtile pour être détectée par une narine peu aiguisée. Alors que je reniflais pour m'en assurer, j'entendis un bruit sourd et sourd de cognement, distinct et indubitablement produit par

quelqu'un immédiatement sous l'écoutille, frappant dessus avec un instrument lourd. M. Prance resta suspendu au vent pendant une seconde ou deux, reniflant et écoutant avec l'air de quelqu'un qui discrédite ses sens.

«Eh bien, s'écria-t-il, il y *a* quelqu'un en bas, et... et... Ici, il renifla fort avec beaucoup trop d'énergie, pensai-je , pour lui permettre de goûter les légères fumées. « Charpentier, s'écria-t-il au vieil Écossais flétri qui faisait partie de la foule des spectateurs, faites démonter cette écoutille et soulever le couvercle – rapidement, mais *doucement* , s'il vous plaît.

Il regarda sévèrement les hommes ; puis il jeta un rapide coup d'œil vers l'arrière, où se tenait le capitaine Keeling à l'endroit que nous venions de quitter, avec Mme Radcliffe à son bras.

Les lattes étaient agilement tirées, la bâche rejetée et quelques matelots se penchaient pour soulever le panneau d'écoutille. Quelques secondes furent consacrées à la prise et aux manœuvres , au milieu desquelles les coups se répétèrent avec une note de violence, accompagnés d'un sursaut général et d'un grognement d'émerveillement de toutes les mains.

'Houle!' s'écria le charpentier, et le couvercle apparut, suivi d'un petit nuage de fumée bleue, et immédiatement après par la silhouette du hideux marin Crabb , qui sauta du haut d'une couche de caisses en bois blanc avec un grand juron et une horrible quinte de toux.

CHAPITRE XIV
CRABE

L' atmosphère était encore rouge avec le coucher du soleil, même si le luminaire était au-dessous de l'horizon et il y avait beaucoup de lumière pour voir. Un cri extraordinaire s'éleva parmi les hommes à la vue de Crabb , alors qu'il sautait hors de l'écoutille au cœur du petit nuage de fumée. Ceux qui se trouvaient du côté du pont sur lequel il avait sauté reculaient avec un rugissement d'horreur et d'effroi, un ou deux d'entre eux chavirant et roulant encore et encore loin de l'écoutille, comme s'ils étaient trop pressés de s'échapper pour trouver le temps de se remettre sur pied.

Je me souviens très bien d'avoir senti le sang déserter ma joue, tandis que mon cœur semblait s'arrêter et que ma respiration devenait difficile à l'apparition de cet individu. *Crabe !* Eh bien, je l'avais *vu* étendu mort dans sa couchette ! J'avais entendu dire qu'il était couché dans un hamac, juste à côté de la trappe avant ! J'avais vu ce même hamac passer par-dessus bord, et je l'avais vu se soulever et s'éloigner vers l'arrière ! Qui donc était cette hideuse créature qui avait sauté à la manière d'un hobgobelin hors de la cale ? Pourrait-il être le Crabb enterré lui-même ?

Les choses ne manquent pas dans ce monde pour effrayer les gens ; mais je ne puis concevoir aucun choc comparable à la consternation instantanée ressentie par un homme qui en rencontre un autre dont il est profondément assuré de la mort , et qu'il considère comme un cadavre mort et enterré depuis plusieurs jours. L'horreur générale, le prodigieux étonnement universel qui nous maintint le second, moi et d'autres parmi nous sans voix et sans mouvement, comme si nous avions été foudroyés et flétris par quelque éclair électrique venu du ciel, dura à peine une minute ; Pourtant, en quelques secondes, l'image de cet incroyable incident était encadrée. Je vois maintenant Crabb alors qu'il lâchait son bras de son visage lorsque sa quinte de toux étouffante cessa : et je me souviens du regard aveugle et sauvage de ses yeux déformés, alors qu'il tournait lentement son visage, comme si la douce lumière du soir était violemment oppressante. à sa vision après les jours de noirceur passés dans la cale. Son visage repoussant était sombre de saleté et de crasse. J'ai observé de nombreuses égratignures sur ses bras, qui étaient nus jusqu'aux coudes, comme s'il venait tout juste de se faufiler et de percer les vilaines complexités déchiquetées des marchandises rangées. Sa chemise pendait en lambeaux sur lui ; il y avait de nombreuses déchirures dans son pantalon ample ; et il y avait du sang sur sa poitrine exposée, provenant d'une blessure apparemment faite par la tête pointue d'un clou ou par le bord d'un étui gainé de fer.

" Saisissez cet homme, maître d'équipage , " rugit soudain M. Prance, sautant hors de son état d'étonnement engourdi de manière à faire penser à un taureau qui fonce à travers une haie : " menottez-le et enfermez-le dans votre couchette pour le moment. Installez la pompe de tête et faites passer le tuyau. Sautez vers les seaux et restez prêts à les transmettre.

La main puissante du maître d'équipage se referma comme un étau sur le cou de Crabb . Je pensais voir une lutte, mais le vilain marin semblait faible et abasourdi, et s'avança passivement vers la couchette du maître d'équipage dans laquelle mon ami l'avait tiré, suivant et fermant la porte, pour cacher, je suppose, l'opération consistant à enchaîner l'homme du yeux des Jacks à moitié stupéfaits.

A moitié stupéfait , dis-je : mais les ordres du second étaient comme un coup de baguette magique sur chaque homme. Il y eut une fuite en avant, mais avec une certaine discipline dans la précipitation aussi, sur ordre de l'officier en chef. La fumée s'écoulait par la trappe ouverte, flottant finement et paresseusement, même si c'était une chose à retenir son souffle, sans savoir que le prochain vomi pourrait se révéler une spirale plus épaisse et plus sombre, avec une rougeur semblable à un éclair à la base. au scintillement d'une langue de flamme profonde. Feu en mer ! Ah, grand Dieu ! De la simple pensée de cela naîtra l'esprit du coureur le plus rapide dans les jambes les plus paresseuses et les plus sans vie .

Le second sauta sur les valises rangées au niveau des bords inférieurs de la cale en criant aux hommes de le suivre. L'intérieur était la partie avant de l'entre-pont, cloisonné à une petite distance avant le grand mât et rempli de marchandises légères et faciles à manipuler. L'écoutille menant à la cale du navire était immédiatement fermée sous ces quelques tonnes de fret, dans l'alignement du carré béant dans lequel M. Prance s'était précipité. Où était le feu ? Si nous sommes dans la cale inférieure, alors le ciel nous aide ! J'ai jeté un coup d'œil vers l'arrière et j'ai vu le capitaine s'avancer précipitamment. Les passagers s'étaient rassemblés en foule et regardaient avec des visages pâles du haut de l'échelle de dunette. Le vieux Keeling était parfaitement cool. Il ne posa aucune question, ne fit pas d'histoires, s'approcha simplement du côté de l'écoutille, vit M. Prance et une équipe d'hommes en train de sortir la cargaison, et resta debout à regarder, sans jamais gêner le travail des gens par une question. Son œil aiguisé vers la mer captait tout en un souffle. Il suffisait de regarder son visage pour s'en rendre *compte* . La placidité de ce brave vieillard exerça une magnifique influence. En un laps de temps incroyablement court, le capitaine n'ouvrait jamais les lèvres, la pompe à tête était montée, le tuyau traîné et pointé prêt, un certain nombre de marins se tenaient en file avec des seaux rangés le long, tous préparés pour puiser de l'eau, et le passa à l'écoutille avec la rapidité la plus rapide. Je ne peux pas exprimer le merveilleux encouragement que le cœur a trouvé dans ce seul silence. Le capitaine faisait confiance à son second, voyait qu'il savait exactement quoi faire et se tenait là en spectateur, avec un seul regard d'approbation devant ses rangées de marins calmes, résolus et respirant profondément, attendant les ordres.

Une fois qu'il tourna son visage violet, et observant M. Johnson et M. Emmett et un ou deux autres se frayer un chemin nerveusement vers l'avant, il fit signe avec un long index à un maître d'équipage et dit à voix basse : « Conduisez ces messieurs vers l'arrière. à la dunette, et veillez à ce qu'aucun des passagers n'en sorte. Il m'a jeté un coup d'œil une fois, mais n'a rien dit, peut-être parce qu'il m'avait trouvé en train de l'observer à son arrivée.

Tout aussi tranquillement que s'il s'agissait simplement de casser quelques caisses de bagages des passagers, le travail d'évacuation de la cargaison pour atteindre l'incendie s'est poursuivi. La fumée continuait à monter furtivement. Je ne connais pas le contenu des valises, mais elles étaient suffisamment légères pour être soulevées facilement. Un certain nombre d'entre eux furent mis sur le pont. Le second et M. Cocker, arrivés de sa cabine peu après l'arrivée du capitaine, prirent la tête de l'équipe d'ouvriers et disparurent rapidement dans les voies qu'ils ouvrirent.

'C'est ici!' Enfin, un cri sourd retentit.

M. Cocker sortant d'un trou sombre comme un rat, la sueur coulant de lui comme si un seau d'huile avait chaviré au-dessus de sa tête, a chanté pour que le tuyau soit révisé et que la pompe soit mise en marche.

« Avez-vous découvert le feu, monsieur ? » dit le capitaine en l'appelant d'une voix si calme qu'il eût employé pour demander à un passager de prendre du vin avec lui.

'Oui Monsieur. C'est une petite affaire. Le tuyau suffira, je pense, monsieur.

Un instant après, on entendit le cliquetis de la pompe à plis, accompagné du bruit de l'eau qui jaillissait régulièrement, suivi d'un nuage de vapeur qui disparut rapidement. Un quart d'heure plus tard, le second arrivait noir comme un ramoneur. Il tendit sa casquette au capitaine et dit simplement : « Le feu est éteint, monsieur.

« Qu'est-ce qu'il y avait, M. Prance ? »

« Une balle de couvertures, monsieur. »

« Pouvez-vous deviner comment cela est né ? »

«Je m'attends à ce que l'homme Crabb …» commença le second.

Le capitaine sursauta et regarda.

« L'homme Crabb , » continua M. Prance, « que nous croyions mort et enterré, monsieur, rôdait dans la cale » (le vieux Keeling fronça les sourcils avec étonnement) « et je n'ai aucun doute qu'il a tiré la balle en allumant sa pipe. '

« Crabb dans la cale ! s'écria le patron ; « Parlez-vous de l'homme que nous avons enterré, monsieur ?

« La même chose, monsieur, répondit M. Prance.

Le vieux Keeling regardait autour de lui avec un visage béant. « Mais il est mort, monsieur, et a été enterré », s'est-il exclamé. « J'ai lu le service funèbre sur lui et j'ai vu, monsieur... M. Caracolant, j'ai *vu* de mes propres yeux le hamac tomber de la grille après l'avoir incliné.

Le second répondit quelque chose que je n'entendis pas, à cause du bruit parmi les hommes qui étaient encore dans la cale et des discussions des matelots alentour . Il se dirigea ensuite vers la couchette du maître d'équipage, suivi du capitaine, les yeux de ce vieux Marline Spike pourraient témoigner de l'assurance que le Crabb qui avait bondi hors de l'écoutille avant dans un étouffement de fumée était le même Crabb qui avait été solennellement enterré sur le flanc du navire quelques semaines auparavant.

M. Cocker est sorti de la cale en se tortillant et est monté sur le pont à mes côtés pour superviser le réentreposage des marchandises cassées.

« Le feu est-il éteint ? » J'ai demandé.

« Panne de courant », répondit-il. « Ce n'était pas un incendie, à vrai dire, M. Dugdale . Une balle supérieure de couvertures ou d'autres objets similaires couvait autour d'un cercle d'une pièce de cinq shillings – un petit anneau rongeant lentement vers l'intérieur, mais rejetant suffisamment de fumée pour fournir un volcan pour une scène de scène. Une odeur bestiale ! sans parler du fait que certaines choses là-bas sont aussi noircissantes que les brosses d'un cireur de chaussures. Ici, il regarda les paumes de ses mains, qui étaient à peine plus crasseuses que son visage. — « Mais qu'est-ce que j'entends à propos de Crabb ? Le marin mort est-il revenu à la vie ?

« Il est là-bas, dis-je en désignant la couchette du maître d'équipage dans laquelle le capitaine et le second étaient entrés en fermant la porte derrière eux : il faudra voir pour le croire. Il fut un temps où lorsqu'un homme tombait sur le flanc d'un navire avec un boulet de canon aux pieds, il était aussi mort que s'il avait perdu la cervelle. Vous souvenez-vous, M. Cocker, de la façon dont ce hamac flottait vers l'arrière, comme s'il y avait moins qu'un marin mort dedans, mais quelque chose de plus que rien ? Il y a eu ici un plan furtif diabolique qui en dépend. Nous découvrirons peut-être que le navire n'a pas été sabordé parce que le vilain voyou n'a pas eu le temps de percer l'écoutille inférieure avant de mettre le feu au navire.

« Mais c'était un homme mort, monsieur ; Hemmeridge l'a vu mort, s'écria Cocker en me regardant avec un air d'étonnement inimitable.

« Oui, dis-je, mort comme les os d'une momie. Mais il est *là* quand même, ajoutai-je en désignant la cabine du gaillard d'avant, aussi vivant que vous ou moi, et capable, j'ose le dire, de donner un petit coup de pied après un moment.

À ce moment, le second sortit la tête de la couchette du maître d'équipage et appela M. Cocker, sur lequel je marchais tranquillement vers l'arrière, avec un étonnement grandissant en moi et à peine capable de réaliser la vérité de ce que j'avais vu.

Les passagers se pressaient toujours à l' avant de la poupe, scrutant et parlant avec impatience, mais d'une voix tamisée, le colonel Bannister se déplaçant avec colère parmi eux, et le second du maître d'équipage sentinelle au pied de l'échelle.

« Oh, M. Dugdale », s'écria Mme Radcliffe en se penchant par-dessus la rampe et en criant sa question avec un mouvement de tête picorant ; "Le feu est éteint, tu sais ? Sommes-nous en sécurité ?

« Le feu *est* éteint, madame, répondis-je en soulevant mon chapeau ; « et le navire est aussi en sécurité à l'heure actuelle qu'il ne l'a jamais été dans la Tamise. Le capitaine Keeling sera là, j'en suis sûr, très prochainement pour vous rassurer.

Miss Temple, dominant d'une demi-tête sa tante, me regardait avec un air de questionnement impérieux sur le visage. Il y avait une rougeur chaude et écarlate tout le long de l'ouest, mais avec suffisamment de puissance dans son illumination pour rendre chaque visage de la foule au-dessus tout à fait distinctif de l'ombre tendre qui volait de l'est dans l'air, et je pouvais voir un empressement dans le visage plein de la jeune fille. , regard sombre, brillant et inébranlable pour me garantir l' honneur d'une conversation avec elle si je choisissais de gravir les échelons. Mais juste à ce moment-là, Hemmeridge sortit de la câline et se dirigea vers la dunette avec une démarche chancelante. Ses yeux indiquaient qu'il venait tout juste de se réveiller, et ses cheveux qu'il était sorti précipitamment de sa cabine.

« Je dis, Dugdale », s'est-il exclamé, « qu'est-ce qu'il y a, hein ? Le feu, n'est-ce pas ? Et le steward me dit que Crabb est revenu. Cet homme est-il devenu fou ?

« Il y a eu un incendie, dis-je, et Crabb est revenu.

Ici, Cocker arriva sur le pont.

« Docteur, le capitaine vous veut.

'Où est-il?'

« Venez ; Je vais vous conduire jusqu'à lui, dit le second en parcourant la silhouette d'Hemmeridge avec un demi-regard plein de sens.

Ils avancèrent, la démarche du médecin un peu instable, pensai-je.

Je suis allé à ma couchette pour prendre du tabac ; Je suis resté peu de temps en bas, et à mon retour, la dernière cicatrice du coucher du soleil avait disparu. L'ouest était une obscurité liquide violette tremblante d'étoiles, et le navire flottait dans l'obscurité de la nuit qui, sous ces latitudes, suit rapidement le jour qui s'éloigne. Le capitaine Keeling était arrivé à l'arrière et se tenait au milieu d'une foule de passagers répondant aux questions et apaisant les femmes, qui posaient des questions par volées entières, la voix emplie de tremblements et criarde de nervosité. M. Prance, qui avait trouvé le temps de se nettoyer, était sur le pont et dirigeait le navire. Tout était silencieux. Sur fond d'étoiles scintillant sur la ligne du bastingage du gaillard d'avant, sous le pied de la voile d'avant, qui se soulevait lentement et retombait jusqu'au soulèvement du navire. Je distinguais les contours des marins qui se déplaçaient ici et là par deux ou trois. Un rôdage sourd et rauque de voix sortait du bloc d'obscurité qui entourait la galère et la chaloupe , où étaient rassemblés un certain nombre d'hommes, discutant sans doute du merveilleux incident de la soirée. Les brillants scintillants du ciel clignaient comme des gouttes de rosée le long du bord noir des mâts et à l'extrémité des vergues ; et malgré les voix des gens à l'arrière et les murmures à l'avant, l'océan était si profond en altitude que le son de la délicate brise nocturne, respirant légèrement dans les espaces visionnaires des voiles, tombait comme un soupire sur l'oreille.

« Un travail passionnant, M. Prance, dis-je en me plaçant à ses côtés, en le prenant du début à la fin. »

«Eh bien, oui», répondit-il. «Les passagers ne manqueront pas d'expériences à raconter lorsqu'ils débarqueront. Il s'est passé assez de choses hier et aujourd'hui, en termes d'excitation, je veux dire, pour durer un voyage ordinaire, même s'il fut aussi long que celui du capitaine Cook.

« Qu'est-ce qu'Hemmeridge a à dire à propos de cette affaire de Crabb , le savez-vous ? » J'ai demandé.

« Vous garderez la nouvelle pour vous, s'il vous plaît, » répondit-il ; mais cela ne me dérange pas de *vous dire* qu'il est en état d'arrestation, c'est-à-dire qu'il doit se considérer comme tel.

'Pourquoi?' Ai-je demandé, très étonné.

« Eh bien, monsieur Dugdale , » dit-il en regardant lentement autour de lui pour s'assurer que la voie était libre, « vous pouvez facilement deviner que cette affaire du scélérat Crabb , un vieux pirate, si je me souviens bien vous l'avoir dit, signifie une affaire très sérieuse. un complot bien enfoui, une conspiration atrocement ingénieuse.

«Je l'ai supposé tout de suite», dis-je.

"Le camarade Crabb a fait semblant d'être mort", a-t-il poursuivi. « Cela a dû être une imposture, sinon il ne serait pas aux fers là-bas. Maintenant, devons-nous croire qu'Hemmeridge vous ne pouvez pas faire la distinction entre la mort et la vie ? Il signale l'homme mort au capitaine. Le type est recousu ; mais, comme nous l'avons constaté depuis, un hamac préparé remplace celui qui cache sa dépouille, et nous enterrons peut-être quelque touffe de bois. C'est la partie que le capitaine Keeling aime le moins, je pense. C'est un vieux monsieur pieux, et son horreur quand... Il se retint avec une toux, et par-dessus un son semblable à un rire étouffé, comme s'il avait une fantaisie dans son esprit, mais n'osait pas être trop franc, puisque c'était du capitaine dont il parlait.

« On suppose, dis-je, qu'Hemmeridge représentait Crabb comme mort, sachant qu'il était vivant ? Il acquiesca. "Quel aura été le projet ?" J'ai continué, façonnant la vérité au fur et à mesure qu'elle se formait dans ma tête. « Un vol, bien sûr. Oui, M. Prance, ce sera tout. Crabb doit être introduit clandestinement dans la cale, l'idée dans tout le navire étant qu'il est mort et par-dessus bord ; et une fois dans la cale... je m'arrêtai.

« Eh bien, dit-il en haussant les épaules, voilà la salle du courrier. Quoi d'autre? Avec un paquet de diamants d'une valeur de soixante-dix mille livres, sans parler de l'argent, des bijoux et d'autres objets précieux.

« Par le ciel ! Quelqu'un a- t -il déjà entendu parler d'un tel complot ? m'écriai-je; « et Hemmeridge est soupçonné d'être un complice ?

«Nous verrons, nous verrons», répondit-il.

« Dites-moi simplement ceci, M. Prance », m'exclamai-je, assoiffé de curiosité, « qui sont les autres impliqués ? Quelqu'un a dû déplacer la dépouille de Crabb .

« La voilerie est aux fers », dit-il.

'Oui! J'aurais pu le jurer ! Pourquoi le nez haut et romain de ce type a-t-il hanté mon souvenir de l'apparence épouvantable que présentait M. Crabb à chaque fois que mon esprit revenait à cette image répugnante ?

Il sursauta légèrement et je pouvais le voir me regarder sérieusement.

"Au fait, s'exclama-t-il, maintenant que j'y pense, Hemmeridge *vous* a montré le corps de Crabb , n'est-ce pas ?"

«Certainement il l'a fait», répondis-je.

« Eh bien, cela donnera une chance au médecin », dit-il comme s'il réfléchissait à haute voix ; En disant cela, il fit quelques pas en direction du capitaine, et je descendis sur la dunette pour souffler un nuage et méditer sur les sujets dont il m'avait rempli l'esprit.

FIN DU PREMIER VOLUME